A MULHER QUE EU QUERO SER

A MULHER QUE EU QUERO SER

encontre sua verdadeira identidade na fé, no amor e na autoestima

MÁRCIA MARINHO

© 2024 por Márcia Marinho

1ª edição: junho de 2024
2ª reimpressão: novembro de 2024

Revisão: Ana Maria Mendes
Projeto gráfico e diagramação: Sonia Peticov
Capa: Julio Carvalho
Editor: Aldo Menezes
Coordenador de produção: Mauro Terrengui
Impressão e acabamento: Imprensa da Fé

As opiniões, as interpretações e os conceitos desta obra são de responsabilidade de quem a escreveu e não refletem necessariamente o ponto de vista da Hagnos.

Todos os direitos desta edição reservados à
Editora Hagnos Ltda.
Rua Geraldo Flausino Gomes, 42, conj. 41
CEP 04575-060 — São Paulo, SP
Tel.: (11) 5990-3308

E-mail: editorial@hagnos.com.br | Home page: www.hagnos.com.br
Editora associada à Associação Brasileira de Direitos Reprográficos (ABDR)

Dados Internacionais de Catalogação na Publicação (CIP)
Marinho, Márcia Regina P.

A mulher que eu quero ser / Márcia Regina P. Marinho. – São Paulo: Hagnos, 2024.

ISBN 978-85-7742-522-8

1. Mulheres – Vida cristã 2. Autoconhecimento I. Título

24-1826   CDD 248.4

Índices para catálogo sistemático:

1. Mulheres – Vida cristã

Angélica Ilacqua CRB-8/7057

DEDICATÓRIA

DEDICO ESTE LIVRO à minha filha Emilly, aquela a quem eu mais preciso ensinar a ser a mulher que Deus quer que ela seja; à minha mãe Cleyde e minha sogra Delva, que me ensinam todos os dias a ser uma mulher melhor; a você minha amiga leitora que se permitiu viver isso comigo, ao meu marido Darrell, que desperta em mim a versão da mulher que escrevo neste livro; e a Deus, que me escolheu para ser filha e muda a versão da mulher que eu vivo e entrego a você neste livro

SUMÁRIO

Introdução 9

Parte 1: Amar a Deus
   1. O maior amor do mundo 21
   2. Para chamar de Pai 31
   3. A natureza da mulher cristã 37
   4. As batalhas que as mulheres enfrentam ... 44
   5. O que eu aprendo com as mulheres da Bíblia ... 54
   6. As atitudes que nos aproximam de Deus ... 60
   7. O poder da mulher que ora 65
   8. Ele não é o primeiro lugar 74

Parte 2: Amar a si mesma
   9. Eu me conheço 83
  10. Eu não me comparo 100
  11. Eu me cuido 108
  12. Eu sou satisfeita 121
  13. Eu me torno melhor, porque a boca fala daquilo que o coração está cheio ... 129
  14. Eu me livro da rejeição 140
  15. Eu me perdoo 151

Parte 3: Amar o próximo
  16. Amor, paixão e carência afetiva 161

17. Comunicando o amor 169
18. Amando "os próximos" 177
19. Quando o próximo é quem Deus escolheu para ser uma só carne comigo 188
20. Os desafios do amor ao cônjuge 203

Conclusão 215
Referências bibliográficas 219

INTRODUÇÃO

NÃO HÁ NADA MELHOR que histórias de amor. Sou aquele tipo de mulher que escolhe assistir a filmes de romance, de preferência com enredos emocionantes.

Um filme clássico sobre o amor é *A Bela e a Fera*. A protagonista, Bela, não se sente plenamente amada ou aceita em seu vilarejo. Essa jovem anseia ter mais do que uma vida provincial e busca algo além do que as pessoas ao seu redor esperam dela: ser amada não apenas por sua aparência ou pelo que pode oferecer, mas por quem ela é como pessoa, por seus atributos, virtudes e habilidades. Descobri que esse é o maior desafio da nossa vida: o amor verdadeiro e completo.

Assim como a Bela, muitas mulheres anseiam mais do que apenas o amor superficial e temporário, elas desejam amor real e duradouro. Podemos nos identificar com a sensação de não sermos verdadeiramente compreendidas ou valorizadas, o que pode resultar no sentimento de solidão ou de desconexão emocional.

Para amar a Deus, a nós mesmas e ao próximo, precisamos entender o que é o amor, de onde ele vem e como se manifesta. Antes de amar ao outro ou a mim mesma, preciso amar ao Criador e enxergar a imagem dele em mim. Sim, nós, mulheres, também carregamos a imagem de Deus em nós. Assim como os homens, também fomos feitas à semelhança do Criador, conforme Gênesis 1:27: "Criou Deus o homem à sua imagem, à imagem de Deus o criou; *homem e mulher* os criou". Notou bem? Esse "e" que nos inclui afirma a dignidade e o valor especial de cada vida humana, impõe uma responsabilidade moral e espiritual sobre cada uma de nós e serve como fundamento para o entendimento cristão de moralidade, ética e propósito da vida.

Para além da busca por aceitação própria e por amor, a história *A Bela e a Fera* nos mostra que o amor transforma. É uma narrativa de esperança e crescimento pessoal que reflete a jornada emocional de muitas mulheres.

A Fera não era um ser amoroso. Era um príncipe belo que se transformou em uma criatura rude e horrível. Sua frieza e falta de bondade passaram a refletir no exterior depois de ter sido enfeitiçado. A única forma de se livrar daquela maldição seria pelo amor verdadeiro. No entanto, quem poderia amar um monstro? Essa ideia lhe parecia distante, inalcançável; Fera se sentia indigno de ser amado. Contudo, o verdadeiro amor cura, muda, transforma e supera tudo. Em um texto bíblico muito conhecido, o apóstolo Paulo afirma:

> O amor é paciente, o amor é bondoso. Não inveja, não se vangloria, não se orgulha. Não maltrata, não procura os próprios interesses, não se ira, não guarda rancor. O amor não se alegra com a injustiça, mas se alegra com a verdade. Tudo sofre, tudo crê, tudo espera, tudo suporta (1Coríntios 13:4-7).

Talvez você tenha em sua vida, hoje, alguém que a faça se lembrar da Fera. Talvez esteja na fase de suportar, de esperar. Saiba que, por amor, vale a pena continuar. A bondade, compaixão e coragem de Bela gradualmente sensibilizam o coração de Fera. Essa história é um exemplo de como o amor verdadeiro e profundo não surge do nada, mas cresce com o tempo e está alicerçado na compreensão, na aceitação mútua e no perdão.

Sou casada desde 1995 com o Darrell. Passei por fases de dificuldades por não entender bem o que era o amor. Durante muitos momentos da minha vida, vi meu marido como Fera e precisei praticar o amor verdadeiro para vê-lo se transformar no meu príncipe.

Atuo desde os anos 2000 como psicóloga clínica, e desde 2017, Darrell e eu temos sido usados pela graça de Deus para equipar o corpo de Cristo. Realizamos conferências em várias cidades do mundo, levando uma mensagem de fé, esperança e amor. Por anos, tenho acompanhado mulheres, tanto em meu ministério quanto em meu trabalho, o que me capacitou e inspirou a oferecer exemplos práticos de como vencer nossos desafios emocionais.

INTRODUÇÃO

No consultório, uma das linhas terapêuticas em que me baseio é a Terapia Cognitivo Comportamental (TCC). A TCC, no contexto do autoconhecimento, ajuda as mulheres a desafiar padrões de pensamento negativos ou disfuncionais e a promover uma compreensão mais profunda de si mesmas de modo a facilitar mudanças positivas em seu comportamento e bem-estar emocional.

Segundo o autor e psicólogo Bernarrd Rangé, em relação à importância do autoconhecimento, relata:

> Mais que os fatos em si, a forma como o indivíduo os interpreta influencia a forma como ele se sente e se comporta em sua vida. Uma mesma situação produz reações distintas em diferentes pessoas, e uma mesma pessoa pode ter reações distintas a uma mesma situação em diferentes momentos de sua vida.[1]

As pessoas são diferentes e reagirão de forma única a determinadas situações, por isso precisamos de autoconhecimento, saber quem nós somos.

Recebo inúmeros pedidos de ajuda de mulheres que não se sentem amadas. O perfil mais comum é de mulheres que sonhavam em ser amadas por um homem como Jesus amou a Igreja, mas encontraram o contrário. Sentem-se deixadas, desvalorizadas, vulneráveis, incompreendidas e frustradas. Então, quando não se amam e não encontram o verdadeiro amor de Deus, passam a buscar, sedentas, em pessoas e lugares errados.

Quem não consegue resolver a relação consigo mesmo, por não se conhecer nem se amar, sempre terá dificuldades com as demais relações. Sobre isso, o pastor T. D. Jakes expressa de maneira brilhante:

> Quando a mulher não possui uma relação sólida consigo mesma, irá procurar ansiosamente relacionamentos externos na tentativa de obter paz interior. Tentará amar outros na ânsia desesperada de encontrar neles o que deve descobrir em seu íntimo.[2]

---

[1] RANGÉ, B. et al. *Psicoterapias cognitivo*-comportamentais, p. 21.
[2] JAKES, T.D. *A Dama, seu amado e seu Senhor*, p. 10.

Para encontrar uma saída, é necessário, antes de tudo, encontrar o amor de Deus. Nele, há propósito, esperança, plenitude, alegria e misericórdias que se renovam a cada manhã. Então, envoltas pelo amor do Senhor, tornamo-nos capazes de amar a nós mesmas e o próximo.

É exatamente disso que desejo tratar neste livro. Dividido em três partes, falaremos primeiro sobre como amar a Deus impacta no amor-próprio.

Na segunda parte, visitaremos nossas memórias pessoais e entenderemos melhor quem somos como mulheres e como nos amar, especialmente depois de viver rejeições e dores tão profundas que por vezes sequer externalizamos. Você precisa aprender a se perdoar, mas ainda mais importante do que isso, a se aceitar como o Pai a aceita. Para cuidarmos de nós mesmas, é necessário cuidado espiritual, mental e físico. Abordaremos todos esses tópicos nesta parte do livro.

Por fim, na terceira parte, falaremos sobre o amor ao próximo, que pode variar desde uma sogra complicada até um marido difícil. Tudo se ajeita com o Senhor no comando e com uma serva confiante no amor do Pai o seguindo.

Durante os capítulos, por se tratar de um livro com abordagem mais intimista, temos momentos de reflexão e escrita. Por isso, esteja pronta para visitar sentimentos, emoções e ideias que sequer passam pela sua mente agora. Esteja aberta para ser moldada por Cristo através deste livro.

Encontrei o amor quando o Senhor me resgatou. Meu casamento foi restaurado como fruto disso, porém, isso não teria acontecido se eu não tivesse, também, aprendido a me amar. Hoje, acompanhando e cuidando de muitas mulheres, vejo o quanto uma mulher que tem Deus como seu amor maior e que se ama consegue viver uma relação plena de amor com seu cônjuge. Quero ajudar você não somente a encontrar a mulher que deseja se tornar, como também oferecer caminhos para alcançar esse objetivo. Para isso, fundamento meus princípios nos maiores mandamentos bíblicos, pois deles dependem a nossa obediência às demais ordenanças.

> Sabendo os fariseus que Jesus tinha calado os saduceus com essa resposta, reuniram-se novamente para interrogá-lo. Um deles, especialista na lei, tentou apanhá-lo numa armadilha com a seguinte pergunta: "Mestre, qual é o mandamento mais importante da lei de Moisés?".

INTRODUÇÃO

Jesus respondeu: "'Ame o Senhor, seu Deus, de todo o seu coração, de toda a sua alma e de toda a sua mente'. Este é o primeiro e o maior mandamento. O segundo é igualmente importante: 'Ame o seu próximo como a si mesmo'. Toda a lei e todas as exigências dos profetas se baseiam nesses dois mandamentos" (Mateus 22:34-40, NVT).

O primeiro mandamento: amar a Deus sobre todas as coisas. Nada pode ser comparado a isso, tudo começa com Ele. Jesus prossegue, então, em explicar o segundo, que surge como consequência: amar o próximo como a si mesmo. Todo o resto depende da nossa obediência a esses dois mandamentos. Precisamos, portanto, entendê-los e praticá-los. Se não fizermos isso, todo o resto pode ser em vão.

Para ser a mulher que você deseja se tornar, precisa entender quais são os três principais amores e como são colocados em prática. Na minha vida, a mulher que eu quero ser é uma obra em andamento, uma construção. Todavia, posso afirmar que ela é, hoje, uma versão melhor do que a de ontem. Busco diariamente ser uma versão melhor de mim, mais próxima daquilo para que meu Pai me criou.

Então, todas as vezes que você ler aqui sobre a mulher que eu desejo ser, pense em quais áreas você precisa melhorar, que ainda não foram trabalhadas, e saiba que será necessária a ajuda do Pai para acessar as que mais carecem de transformação.

Ao entendermos que somos parte da criação divina e qual é o nosso valor em Cristo, compreendemos que, feitas à imagem e semelhança do Criador, somos dignas de amor, cuidado e respeito. Passamos, então, a filtrar os ambientes que frequentamos e as pessoas que exercem um papel importante em nossa vida, seja pela convivência ou pela influência. O amor a Deus nos ajuda a desenvolver o amor-próprio de que precisamos para manter e nutrir as demais relações.

A sua casa pode estar em ordem, os filhos bem-cuidados, o marido satisfeito e o trabalho bem-feito, mas, se o seu interior não estiver em ordem e não receber a devida atenção, uma hora ou outra todo o resto irá desmoronar.

Minha oração é para que este livro seja um manual para desenvolver e fortalecer o seu amor por Deus, por si mesma e pelo próximo. Quando estabelecemos a hierarquia de importância e dedicação em nossa vida, todas as outras áreas começam a se alinhar ao que acreditamos e vivemos.

Recomendo que esta leitura represente um momento de autocuidado, para que você entre em contato consigo mesma e, no decorrer do livro, aprenda a se amar cada vez mais. Assim como você deve cuidar de sua saúde física e mental, aparência, trabalho e relacionamentos, dedique-se a cuidar do seu coração. Pense neste período como um tempo de qualidade entre mim e você, bem como entre você e Deus. Se puder, tenha em mãos uma caneta e um bloco de anotações para registrar o que o Senhor lhe disser (que tal usar o meu *Ore e anote*, publicado pela Editora Hagnos? Fica a dica, minha amiga).

Este livro não apresenta uma receita perfeita que irá resolver sua vida de uma hora para a outra. Longe disso! O que posso garantir é que os valores e princípios aqui apresentados podem conduzi-la a um processo de transformação, contanto que você se apegue a eles. Não desperdice as oportunidades que Deus lhe dá de viver sua melhor versão e ter a certeza de que você tem se tornado a mulher que deseja ser.

Ao chegar ao fim de cada capítulo, uma jornada de autoconhecimento e crescimento espiritual se desdobrará diante de você por meio de algumas atividades que a farão refletir em todo o conteúdo estudado e meditado. Aqui, no limiar entre o aprendizado e a aplicação, convidamos você a pausar e ponderar sobre como as palavras que percorreu podem florescer em seu cotidiano. Que cada uma destas atividades seja um convite para uma transformação mais profunda e significativa:

Colocando em prática

Refletir é o primeiro passo, mas agir solidifica o aprendizado. Essa seção é o seu campo de cultivo pessoal, onde o conhecimento se enraíza e se transforma em atitudes. Questionamentos simples, mas poderosos, podem ser o início de uma transformação: o que você pode iniciar ou alterar na sua vida a partir de hoje? Qual foi a mensagem divina que ecoou em seu coração ao longo destas páginas? Talvez tenha sido um chamado para a mudança, um conforto nas horas incertas, ou uma revelação de propósito. Seja qual for a resposta, ela possui o potencial de orientar seu crescimento pessoal e espiritual. Identifique ações tangíveis e sinta a satisfação de ver os princípios deste capítulo ganharem vida.

Versículo de lapidação

Em cada capítulo, um versículo foi cuidadosamente selecionado para atuar como seu lapidador espiritual. As referências bíblicas selecionadas são um convite a modelar sua vida conforme o caráter e a sabedoria que elas transmitem. Elas são um alicerce para fortalecer sua fé e alinhar suas ações com os valores mais elevados que aspiramos. Considere o versículo apresentado como uma joia preciosa a ser incrustada no coração. Que ele sirva como um lembrete constante e uma fonte de inspiração em sua jornada de transformação pessoal. Permita que suas palavras moldem seu entendimento e fortaleçam sua determinação em seguir os caminhos que Deus traçou para você. Cada versículo dessa seção é mais do que uma coleção de palavras; é um convite para viver uma vida que reflita as verdades eternas de Deus. Que cada versículo ressoe em suas ações e em sua caminhada diária de fé e crescimento pessoal.

Vamos orar?

A oração é o elo que nos conecta a Deus, nosso amado Criador. Ela é o refúgio onde encontramos força e conforto. Através da oração que oferecemos no encerramento da leitura de cada capítulo, buscamos reconhecer nosso DNA celestial e aspirar a viver plenamente o propósito pelo qual fomos criadas. É um momento para reconhecer a presença e ação de Deus em sua vida, para buscar orientação e força no caminho a seguir.

Escrita terapêutica

Por fim, deixe que suas reflexões mais profundas sobre este capítulo fluam livremente em seu diário espiritual. Aqui, no conforto de sua introspecção, dialogue com Deus. Anote seus pensamentos, desejos e questionamentos. Entregue cada palavra em oração e abra espaço para que a sabedoria divina preencha seu coração. Esse processo de escrita terapêutica a ajudará a tratar cada emoção trazida nos capítulos. Use o espaço reservado para colocar seus sentimentos e suas emoções sobre as provocações do livro. Foque naqueles que são mais difíceis de vencer, nas dificuldades que você sente e que a impedem de se tornar a sua melhor versão.

A escrita terapêutica é utilizada para promover o bem-estar emocional. Vai te ajudar a processar as emoções, explorar experiências, promover a reflexão e aumentar a consciência emocional. Ao escrever sobre seus sentimentos e pensamentos, você ganhará clareza, compreensão e perspectiva sobre seus desafios, facilitando o processo de transformação. Caso você não se sinta confortável em escrever no livro, para sua privacidade, escreva em um papel avulso e depois até descarte, mas o importante é escrever, pois irá te ajudar.

Encare esses momentos finais de cada capítulo não como um fim, mas como o início de um novo capítulo em sua vida, onde cada ensinamento se transforma em ação, cada oração se solidifica em fé e cada passo é guiado pelo amor incondicional de Deus. Continue a jornada, amada leitora, com o coração aberto e a alma preparada para a grandiosa obra que Deus tem para você. Cada um desses componentes é um passo em sua jornada contínua de crescimento e fé. Use-os como ferramentas para esculpir a sua existência com propósito, significado e amor. Que a reflexão e a oração sejam as companheiras fiéis em sua busca por uma vida plenamente vivida sob a graça divina.

Eu sempre idealizei quem queria ser e o que gostaria de conquistar. Sonhei em encontrar um amor verdadeiro, em ter o casamento e a família dos sonhos e em ser feliz. Estabeleci com Darrell uma aliança de que seríamos um por toda a vida. E, estudando a Bíblia e entendendo como o Senhor age, percebi que ele é um Deus de aliança.

O meu amor pelo Senhor está firmado em uma grande e incorruptível aliança, assim como o meu amor pelo meu marido também está. Eu creio que as minhas alianças com Deus e com o Darrell sejam eternas, pois tudo o que Deus fez perdura pela eternidade (leia Eclesiastes 3:14).

O processo de transformação do ouro que forma a aliança de compromisso entre um homem e uma mulher é incrível. Da extração à moldagem, do polimento ao resultado, cada etapa desse processo representa a cuidadosa intervenção humana para transformar um metal comum em uma peça de valor. Da mesma forma, a lapidação pela qual você e eu passamos pode ser comparada à jornada do ouro. Conosco, porém, Deus atua como o ourives, moldando e lapidando-nos até que nos tornemos uma joia preciosa em suas mãos.

A parte mais bela desse processo está em saber que o ourives lapida o ouro para revelar a beleza oculta, o brilho que não pode ser visto antes do ourives atuar. Talvez você esteja assim hoje, ainda na sua versão bruta, esperando que Deus, o ourives, lapide-a e revele o seu brilho. Para elucidar como será esse processo, descrevo a seguir algumas das etapas pelas quais passamos quando nos colocamos diante do ourives para ser lapidadas por ele.

- *A extração do ouro.* Quando o ouro é extraído, ele está em sua forma bruta, imperfeita. Também estamos assim quando nos colocamos nas mãos de Deus. Muitas vezes cercadas por circunstâncias adversas e desafiadoras. Carregamos cicatrizes, marcas e dores. Essas imperfeições representam as lutas, os traumas e as dificuldades pelas quais passamos e que, na maioria das vezes, impossibilita que vejamos o nosso próprio valor e que ele seja reconhecido pelos outros. No entanto, assim como o ouro é encontrado nas profundezas da terra, cada mulher possui um tesouro interior a ser descoberto.
- *A peneira.* O ouro tem de passar pelo processo de ser peneirado. É muito difícil achar ouro maciço ou barras de ouro, o mais comum é encontrá-lo em pó. Por isso, é necessário separá-lo da terra, da sujeira. Na peneira, ele é chacoalhado e balançado. Durante a construção da nossa melhor versão, seremos peneiradas e sacudidas, provavelmente nos sentiremos desconfortáveis, porém, passar pela peneira é imprescindível para chegar ao objetivo final.
- *A purificação.* Em seguida, o ouro é submetido a um calor intenso para remover impurezas. De igual modo, na nossa vida, seremos desafiadas a superar momentos difíceis para refinar nosso caráter e fortalecer nossa fé. Nesses momentos, teremos a oportunidade de crescer e nos fortalecer, removendo de nosso coração as impurezas do passado.
- *A lapidação.* Finalmente, o ourives habilidoso molda o ouro em uma peça magnífica, extraindo dela o que há de melhor. Assim, também, Deus lapida a vida de uma mulher que se entrega a Ele e se dispõe a passar pelo processo, tendo em vista o propósito. Ele utiliza experiências positivas, negativas e lições para esculpir sua beleza interior. Cada desafio, cada alegria e cada dificuldade

é uma faceta da jornada que contribui para a transformação da mulher em uma joia preciosa.
- *O polimento.* Assim como o ourives realiza o polimento do ouro para revelar o seu brilho especial, Deus continua a nos polir. Ele permite que seu amor seja refletido em nós, assim como o brilho do ouro reflete sua beleza. O Ourives deseja que brilhemos o seu amor aonde formos. Diferentemente do ouro, o nosso polimento não acaba nunca. A todo momento podemos voltar ao Ourives e tirar as manchas do tempo que impedem que o brilho seja refletido.

Saiba que cada etapa, também na sua vida, desde a extração até o resultado, é realizada pela mão poderosa e amorosa do Senhor. Ele trabalha pacientemente para moldá-la em uma joia rara e preciosa, para que você possa refletir a glória e o amor dele. Basta que você se disponha a estar em suas mãos e se permita passar pelo processo de lapidação. Quando você entender que é uma obra-prima do Ourives, poderá se amar cada vez mais, vivendo a sua melhor versão.

Nesta jornada, estarei junto a você.

Com muito amor,
MÁRCIA MARINHO.

• PARTE 1 •

AMAR A DEUS

• CAPÍTULO 1 •

O MAIOR AMOR DO MUNDO

Ame ao Senhor, o seu Deus, com todo o seu coração, com toda a sua alma, com todo o seu entendimento e com todas as suas forças (Marcos 12:30).

Quando questionado sobre qual seria o mandamento mais importante, de modo direto e objetivo, Jesus Cristo respondeu que amar a Deus sobre todas as coisas, com tudo o que temos e somos, é a principal ordenança. Para viver da maneira que agrada ao Senhor, a primeira coisa que devemos fazer é, em resposta ao seu grande amor, amá-lo acima de tudo.

Como é preciso saber que somos chamadas a amar aquele que nos amou primeiro, que entregou seu próprio Filho para nos salvar. Ele, que é a forma mais sublime de amor, que cuida, direciona, nos apoia e está a todo tempo de braços abertos para nós, deseja que também o amemos.

O amor de Deus não é tímido ou secreto, mas escancarado. Nosso Criador nos diz: "Não tema, pois eu o resgatei; eu o chamei pelo nome; você é meu" (Isaías 43:1). O Senhor que a formou diz isso a seu respeito. Ele a chamou e o amor dele por você é incondicional.

Ter filhos nos possibilita, ainda que não completamente, compreender melhor o amor de Deus por nós. Se você é mãe, sabe que nada que seu filho fizer diminuirá o seu amor por ele. Você pode se entristecer, irritar ou decepcionar, mas sempre terá um amor incondicional por tê-lo gerado, seja no seu ventre ou no coração.

O amor do Pai por nós é incondicional. Ele nos ama apesar de nossas falhas. Seu poder transformador alcança até o que há de mais impuro em nós. Esse amor é caracterizado por graça, misericórdia, cuidado e provisão divinos em todas as áreas da nossa vida. É um amor que nos recebe como somos, nos transforma e nos capacita a amar os outros da mesma forma.

O amor de Deus por nós não diz respeito a quem somos, ao que fazemos ou deixamos de fazer, mas a quem Ele é. Por seu amor, Deus nos tirou da escuridão do pecado e nos chamou para estar com Ele na luz, por meio do ato remissivo de Cristo na cruz, a maior prova de amor que já existiu, como lemos em um dos versículos mais conhecidos da Bíblia: "Porque Deus tanto amou o mundo que deu o seu Filho Unigênito, para que todo aquele que nele crer não pereça, mas tenha a vida eterna" (João 3:16).

Joyce Meyer comenta que o amor incondicional de Deus nos atrai para Ele; que sua maravilhosa graça apaga nosso pecado; e que seu poderoso sacrifício nos abre caminho para irmos até sua presença.[1] O escritor John Bevere arremata explicando que não podemos fazer nada para Deus nos amar mais do que Ele já nos ama; também não podemos fazer nada para Ele nos amar menos. Esse é o amor divino. O amor de Deus por nós é tão abrangente que simplesmente não podemos compreender sua extensão.[2]

Quando entendi minha filiação em Deus e percebi a magnitude do amor do Pai por mim, compreendendo que precisava amá-lo acima de todas as coisas, comecei a dedicar-me a conhecê-lo cada vez mais. Não podemos amar algo ou alguém que não conhecemos. Por isso, para amar a Deus, temos de buscá-lo. Em meio aos meus estudos, encontrei uma citação da escritora Elizabeth George:

> Quando nos aproximamos de Deus e dedicamos mais tempo para conhecê-lo e aprender sua Palavra, ele usa as verdades nela contidas a fim de transformar nosso modo de pensar. Quando nos sentimos

---

[1] Citado em https://tv.joycemeyer.org/portuguese/devotional/natureza-amor-de-deus/ acessado em 13 de abril de 2024.
[2] BEVERE, John. *Extraordinário*, p.21.

fracas ou sobrecarregadas pelos fardos da vida, ele usa as Sagradas Escrituras para nos fortalecer.[3]

E tem acontecido exatamente assim em minha vida. Quanto mais perto dele estou, mais me fortaleço. Quanto mais sinto seu amor, mais minha vida é preenchida. No entanto, todas as vezes em que me envolvo com os afazeres do dia a dia e deixo minha rotina terrena atrapalhar minha rotina espiritual, enfraqueço. Estou convencida de que fui criada para estar conectada a esse amor.

SEJA ÁGUIA

Você já ouviu falar sobre a fábula da águia e da galinha? Ela é muito usada quando queremos avaliar o real potencial guardado em cada um de nós. A história foi escrita no século passado pelo educador James Aggrey[4] e podemos relacionar com a versão que você é hoje, a fim de mostrar-lhe o que você poderá se tornar.

Era uma vez um camponês que foi à floresta vizinha apanhar um pássaro, a fim de mantê-lo cativo em casa. Conseguiu pegar um filhote de águia e o colocou no galinheiro junto às galinhas. Esse filhote cresceu como uma galinha.

Depois de cinco anos, esse homem recebeu em sua casa a visita de um naturalista. Enquanto passeavam pelo jardim, disse o naturalista:

— Esse pássaro aí não é uma galinha. É uma águia.

— De fato — disse o homem. — É uma águia. Mas eu a criei como galinha. Ela não é mais águia. É uma galinha como as outras.

— Não — retrucou o naturalista. — Ela é e será sempre uma águia. Este coração a fará um dia voar às alturas.

— Não — insistiu o camponês. — Ela virou galinha e jamais voará como águia.

Então decidiram fazer uma prova.

O naturalista tomou a águia, ergueu-a bem alto e, desafiando-a, disse:

---

[3] GEORGE, Elizabeth. *Amando a Deus de todo o seu entendimento*, p. 10.
[4] BOFF, Leonardo. *A águia e a galinha, a metáfora da condição human*, p. 13.

— Já que você de fato é uma águia, já que você pertence ao céu e não à terra, então abra suas asas e voe!

A águia ficou sentada sobre o braço estendido do naturalista. Olhava distraidamente ao redor. Viu as galinhas lá embaixo, ciscando grãos e pulou para junto delas.

O camponês comentou:

— Eu lhe disse, ela virou uma simples galinha!

— Não — tornou a insistir o naturalista. — Ela é uma águia. E uma águia sempre será uma águia. Vamos experimentar novamente amanhã.

No dia seguinte, o naturalista subiu com a águia no teto da casa e sussurrou-lhe:

— Águia, já que você é uma águia, abra suas asas e voe!

Mas quando a águia viu lá embaixo as galinhas ciscando o chão, pulou e foi parar junto delas.

O camponês sorriu e voltou à carga:

— Eu havia lhe dito, ela virou galinha!

— Não! — respondeu firmemente o naturalista. — Ela é águia e possui sempre um coração de águia. Vamos experimentar ainda uma última vez. Amanhã a farei voar.

No dia seguinte, o naturalista e o camponês se levantaram bem cedo. Pegaram a águia, levaram-na para o alto de uma montanha. O sol estava nascendo e dourava os picos das montanhas.

O naturalista ergueu a águia para o alto e ordenou-lhe:

— Águia, já que você é uma águia, já que você pertence ao céu e não à terra, abra suas asas e voe!

A águia olhou ao redor. Tremia, como se experimentasse nova vida. Mas não voou. Então, o naturalista segurou-a firmemente, bem na direção do sol, de sorte que seus olhos pudessem se encher de claridade e ganhar as dimensões do vasto horizonte.

Foi quando ela abriu suas potentes asas. Ergueu-se, soberana, sobre si mesma. E começou a voar, a voar para o alto e voar cada vez mais para o alto. Voou... e nunca mais retornou. Vivendo para aquilo que ela foi criada: ser uma águia.

Essa história é muito mais real do que imaginamos. Muitas águias foram criadas como galinhas e, por causa disso, ficaram presas a uma vida que não é delas, exercendo um papel para o qual não foram criadas e impedidas de voar e chegar a lugares mais altos.

Lemos em Isaías 40:30,31: "Até os jovens se cansam e ficam exaustos, e os moços tropeçam, mas aqueles que esperam no Senhor renovam as suas forças. Voam alto como águias; correm e não ficam exaustos, andam e não se cansam". É sobre isso que quero falar com você neste capítulo.

Para dar início à transformação, quero que você compreenda que o desejo do Pai, que a ama incondicionalmente, é que você espere nele. Você foi criada para voar, como uma águia, não para ficar presa em um lugar ordinário, incapaz de realizar coisas grandiosas.

Eu não sei como você chegou aqui, se sem sonhos ou já voando, mas quero deixar algo claro: você nasceu para ser águia, não galinha. Para voar alto. A Bíblia usa a águia como símbolo para nos inspirar. E por que Deus usa a águia, e não uma galinha? Ele deseja nos ensinar algo sobre esse animal. Vamos, então, refletir juntas:

GALINHA	ÁGUIA
Cisca para trás, ou seja, fica remoendo o passado.	Segue adiante, voa para o alto em busca de algo maior.
Tem dois olhos laterais, por isso, se preocupa com a vida dos outros e com o que acontece ao seu redor.	Tem olhos frontais focados em seu propósito.
Quando aparecem os ventos e as tempestades, ela foge, com medo.	Voa por sobre as nuvens para superá-las.
Se sujeita a ficar presa; se acomoda ao cativeiro.	Não aceita o cativeiro. Se alguém a prende, ela quebra as pernas para se soltar, mas está decidida a voar.
Sabe apenas viver no rasteiro, no nível do chão.	Seu habitat natural são as nuvens, bem no alto.
Não tem fidelidade e se contenta em compor o "harém" de um galo.	É fiel por natureza. Aceita somente um único macho durante toda a vida.

Em algum momento, vamos precisar sair do quintal das dificuldades e começar a subir, a voar alto para viver o céu de oportunidades que Deus tem para a nossa melhor versão. Contudo, sair do lugar-comum e viver o propósito do Senhor para nós requer coragem. O apóstolo Paulo afirma, em 2Timóteo 1:7, que Deus não nos deu espírito de covardia.

Você nasceu para ser águia e merece viver como tal. Sua família, seu trabalho e ministério não estão nas mãos de uma galinha, mas de uma águia. As águias estão sempre em busca dos seus sonhos. Permita-se viver isso, entendendo o que você é.

Ainda que o mundo tente colocá-la em meio às galinhas e tirar-lhe seu potencial, o seu Criador a projetou para viver coisas maiores. Tenha coragem para abrir suas asas e voar, amparada por aquele que a criou e a tem sustentado.

Por fim, um último aspecto interessante a ressaltar é que a galinha se alimenta de milho, minhocas, insetos mortos e, muitas vezes, restos de comida. A águia, porém, não toca em nada podre ou em decomposição. Ela avista sua presa lá do alto e se move em direção ao seu banquete. Assim também, quando Deus nos chama de águias, Ele nos convida a ter o melhor desta terra (leia Isaías 1:19).[5]

Portanto, prepare-se para se apropriar do maior e melhor amor do mundo, para amar e ser amada. Prepare-se para despertar a mulher que você quer ser e tomar posse do que há de melhor.

DNA CELESTIAL

Entender seu DNA celestial e o propósito de Deus para a sua vida será um passo fundamental para que você possa amar a Deus e dar continuidade ao processo de transformação na versão da mulher que deseja ser. Por seu amor, o Pai nos permite ser chamadas suas filhas: "Vejam como é grande o amor que o Pai nos concedeu, a ponto de sermos chamados filhos de Deus, o que de fato somos! [...]" (1João 3:1).

A grande questão é que olhamos com nossos olhos físicos, com nossas crenças, repetindo, muitas vezes, ensinamentos terrenos, não do Criador. Talvez, aqueles que nos educaram tenham errado e nos colocado no terreiro com as galinhas, dado milho, ou até cortado nossas asas, impedindo que vivêssemos aquilo para que fomos criadas. Por isso, precisamos olhar para nós mesmas com a perspectiva do Criador, que não erra. Em seus desígnios, em seus propósitos e planos, Ele não erra.

---

[5] Conforme livro de Leonardo BOFF, *A águia e a galinha, a metáfora da condição humana*, p. 23.

Entender a nossa filiação divina e o nosso DNA celestial muda tudo, porque, mesmo tendo sido criadas presas, quando descobrimos de onde viemos e para onde iremos, podemos bater nossas asas e começar a voar. C. S. Lewis, um dos maiores pensadores cristãos modernos, disse que a verdadeira felicidade do homem é uma filiação — o momento em que desejamos amar mais o amado que sentir que é amado.

Ao assumir o DNA celestial e amar a Deus acima de todas as outras coisas, naturalmente nos sentiremos mais amadas e plenas para viver nosso propósito e amar ao próximo. Como criaturas, precisamos resgatar as virtudes que nos foram dadas à imagem e semelhança do Criador, sendo o amor a maior delas.

Hoje o Criador convida você. Ele fala da sua real identidade, como filha, como águia. Você vai precisar olhar no espelho e enxergar com os olhos da fé, não com os olhos físicos, e então verá a mulher que Deus a criou para ser. Talvez o tempo, as dificuldades e o mundo a tenham distraído, mas, durante esta leitura, vamos esculpir e decifrar a sua nova e melhor versão.

QUERO BEBER DA FONTE

> Assim, fixamos os olhos não naquilo que se vê, mas no que não se vê [...] (2Coríntios 4:18).

Amada, quero dizer a você o quanto essa passagem mexe comigo. Sabe aquele versículo que deveríamos ler nos dias em que tudo parece dar errado, nos quais não conseguimos ver a luz no fim do túnel? Ao nos apegar às verdades bíblicas, encontramos esperança mesmo em meio à tribulação, pois o nosso coração pode descansar no Senhor.

Ele está a todo momento conosco, nos acompanhando, direcionando e cuidando de nós. Quantas vezes queremos fazer as coisas do nosso jeito, corremos, nos cansamos e frustramos... Então nos lembramos dele somente aos 45 minutos do segundo tempo.

Muitas mulheres vivem atrapalhadas, sobrecarregadas e apressadas. Querem fazer tudo ao mesmo tempo. Elas apenas sobrevivem, mas não vivem realmente a vida. Talvez, por isso, não sejam felizes. As muitas tarefas e demandas se colocam no caminho da busca pelo pleno contentamento, do autocuidado e do desenvolvimento de uma identidade firmada no Pai.

A mulher que não sabe sua filiação, que não encontrou Deus e o seu amor, bem como o amor-próprio, se olha no espelho e não consegue se reconhecer. É impossível compreender e amar a si mesma quando está vivendo um estilo de vida diferente daquele projetado por Deus.

Há, porém, uma solução, uma resposta. Em João 7:37, Jesus diz: "Se alguém tem sede, venha a mim e beba". Se alguma coisa tem abalado as suas forças, tirado o seu propósito e a sua alegria, em Jesus há uma fonte inesgotável cujas águas saciam toda e qualquer necessidade do corpo e da alma.

O ensino é claro, e mesmo assim, muitas vezes preferimos nos sentar em meio a um grupo de pessoas e perguntar o que devemos fazer, quando o Mestre Jesus deveria ser o primeiro a quem recorremos. Não podemos perder o nosso tempo buscando nos outros aquilo que somente Deus pode nos dar, pois certamente nos frustraremos.

> É impossível compreender e amar a si mesma quando está vivendo um estilo de vida diferente daquele projetado por Deus.

Agostinho de Hipona afirmou em seu texto *Confissões*: "Pois tu nos criaste para ti, e nosso coração não conseguirá se tranquilizar até que encontre descanso em ti"[6]. Ao tentar suprir nossas necessidades em qualquer coisa que não no Senhor, o nosso interior permanece inquieto, pois a nossa alma, o nosso DNA celestial, sabe que somente em Deus podemos encontrar aquilo de que precisamos.

Se quisermos descanso, precisamos recorrer ao Senhor (leia Mateus 11:28). Se precisarmos de paz, alívio e socorro, nele encontraremos. Da mesma forma, se você seja se amar, se anseia por amar e ser amadas, terá de ir até o Amor.

É do Senhor que precisamos nos abastecer. Somente Ele pode suprir o nosso vazio interior e nos fazer transbordar. Somente Ele pode saciar a nossa sede. Para voarmos em direção ao destino que Deus tem para nós, para vivermos o propósito dele e nos tornarmos a mulher que desejamos ser, devemos buscá-lo em primeiro lugar.

Não há nada melhor do chamar Deus de Pai, e é essa relação paterna que viveremos no próximo capítulo.

---

[6] HIPONA, Aurélio Agostinho de. *Confissões*, livro 1, capítulo 1, parágrafo 1.

Colocando em prática

Seguindo os ensinamentos deste capítulo, o que você pode colocar em prática em sua vida de forma rápida?

_____
_____
_____
_____
_____
_____
_____

O que Deus falou com você ao ler essas páginas?

_____
_____
_____
_____
_____
_____

Versículo de lapidação

Ame ao Senhor, o seu Deus, com todo o seu coração, com toda a sua alma, com todo o seu entendimento e com todas as suas forças (Marcos 12:30).

Vamos orar?

Deus, obrigada por me entregares o maior amor do mundo. Ajuda-me a reconhecer o meu DNA celestial. Que eu viva para aquilo que fui criada, vença meus medos e seja fiel ao propósito e honre a ti como Pai. Eu agradeço a ti por tudo, em nome de Jesus. Amém.

Escrita terapêutica

Anote seus pensamentos, desejos e questionamentos acerca do capítulo e entregue suas palavras diante de Deus em oração.

• CAPÍTULO 2 •

PARA CHAMAR DE PAI

O MANUAL DO FABRICANTE de qualquer produto visa instruir o usuário a obter o melhor funcionamento dos aparelhos. A leitura não é recomendada somente para garantir o bom uso, como também para evitar que seja manuseado erroneamente.

A grande questão é que, atualmente, devido ao corre-corre em que vivemos, não temos parado para ler os manuais. Não lemos as instruções de uso da televisão, do carro, da máquina de lavar ou do celular. Contudo, existe um manual do fabricante que não pode, em hipótese alguma, ser negligenciado: a Bíblia.

As Sagradas Escrituras funcionam, para nós, como um manual do fabricante que abrange as instruções de que precisamos para viver conforme o propósito para o qual fomos criadas, bem como evitar erros e falhas que nos causem danos. O Manual foi elaborado por nosso Criador. Ele deseja que vivamos conforme seus desígnios, deseja que vivamos como filhas dele. A Bíblia diz:

> Contudo, aos que o receberam, aos que creem em seu nome, deu-lhes a autoridade de se tornarem filhos de Deus, os quais não nasceram do sangue, nem pela vontade da carne, nem pela vontade de homem algum, mas nasceram de Deus (João 1:12,13).

Sim, você é uma filha amada de Deus e precisa viver essa filiação para poder despertar sua melhor versão. Segundo o pastor Junior Rostirola em seu livro *Encontrei um Pai*:

É desejo de Deus trazer não apenas solução para os nossos problemas; Deus quer nos restaurar por completo. O plano de Deus não é somente gerar paz em nossa vida, mas nos restaurar, no corpo, na alma e no espírito. Deus quer nos colocar de volta em nossa posição original, a posição de filhos.[1]

Não entender nossa filiação, não reconhecer que temos um Pai, faz com que vivamos como órfãs. Mesmo com Deus de braços abertos, agimos como não sendo merecedoras desse amor paterno celestial.

COERDEIRA DO TRONO

Quando realizo seminários para mulheres, costumo perguntar quem é mãe. Em seguida, pergunto para elas se gostariam que seus filhos tivessem uma vida de dificuldades, tristezas e decepções. Imediatamente, recebo uma resposta negativa, muitas vezes de maneira enfática. Apenas faço essa pergunta para poder elucidar para o público que o Pai também quer o melhor para os seus filhos.

Deus quer que sejamos prósperas, felizes, abundantes, sorridentes, abençoadas e abençoadoras, esse é o projeto do Pai para nós, suas filhas. No entanto, muitas vezes nos contentamos com uma vida miserável e não nos permitimos viver o melhor desta terra porque não reconhecemos nossa filiação.

Lembre-se de quem você é: filha do Rei, coerdeira do trono, irmã de Jesus. Você não deve se contentar com qualquer coisa, porque, como filha do Rei, faz parte da realeza.

Por isso, quero me aprofundar neste assunto, para ajudá-la a entender sua filiação e assumir o seu papel de filha. Assim, poderá seguir adiante amando o Pai da maneira correta. Ele deve ser o centro da sua vida para que as demais áreas funcionem.

CHAME-O DE "ABA"

Um dos episódios que mais me emociona na narrativa da vida terrena de Jesus é o Getsêmani. No relato do Evangelho de Marcos, vemos

---

[1] ROSTIROLA, Junior. *Encontrei um Pai*, p. 183.

um dos momentos em que Cristo estava mais vulnerável. Ele disse aos seus discípulos que sua alma estava em profunda e mortal tristeza (leia 14:34). Como eu me identifico com isso! E imagino que você também.

Abrindo seu coração para o Pai, disse-lhe que, para Deus, tudo é possível. Seu lado humano clamou para que se fosse possível, aquele cálice fosse afastado, mas ao mesmo tempo reconhecendo sua dependência do Pai, declarou: "Não seja como eu quero, mas como tu queres" (leia 14:36). Quantos ensinamentos podemos extrair dessa passagem!

Contudo, o que me chama atenção é que esse é o primeiro momento nas Escrituras em que Jesus chama Deus de *Aba* (v. 36), uma demonstração de intimidade, é como se ele o chamasse de "Paizinho" ou "Papai". Sabe aquele filho que precisa de colo e conforto, por isso chama pelo papai ou pela mamãe? Assim fez Jesus naquele momento.

A dependência, vulnerabilidade e humildade de Cristo têm muito a nos ensinar. Da mesma forma, devemos nos colocar na presença do Pai e tê-lo como nosso *Aba*, o Paizinho amoroso que está de braços abertos para nós.

Sinto que Jesus fala dessa forma para deixar claro que a relação com Deus é baseada no amor, na proteção e no cuidado que um pai tem por seus filhos. É um convite para nos achegarmos a Deus com confiança e nos relacionarmos com Ele como um pai amoroso.

Sobre isso, o escritor Brennan Manning declarou: "Jesus, o filho amado, não reservou essa experiência para si mesmo. Ele nos convida, nos chama para compartilharmos da mesma intimidade e do mesmo relacionamento libertador".[2] Já C. S. Lewis cita que o termo é usado por filhos pequenos, o que indica a ideia de uma relação familiar na qual o Pai ama como a um filho. E complementa que a noção de *Aba* foi importante na vida e na doutrina de Jesus, pois expressa uma relação de confiança e de afeto, bem como revela a noção de paternidade e de providência divina.

Ao usar essa palavra para se referir a Deus, Jesus revelou a natureza do relacionamento que os cristãos têm com ele — é uma expressão de intimidade e reverência, ao mesmo tempo.

---

[2] MANNING, Brennan. *O impostor que vive em mim*, p. 37.

Na presença do Senhor, não precisamos de máscaras. Não temos de fingir algo ou tentar ocultar o que nos desagrada, porque Ele conhece o nosso coração. O desejo do Pai é que nos aproximemos dele e busquemos intimidade.

Não é necessário usar trajes chiques, maquiagens caras, penteados elaborados ou joias preciosas para conversar com Deus, porque Ele já conhece o íntimo do nosso ser. Ele quer que, como Jesus, sejamos vulneráveis, transparentes e que, ainda assim, reconheçamos em humildade a sua soberania e o seu poder.

Cristo nos ensina que a oração nada mais é do que um diálogo sincero entre um filho e o Pai. Pelo exemplo de Jesus, compreendemos a face amorosa e afetuosa do nosso Deus, que nos criou para um relacionamento com Ele e deseja que o conheçamos cada vez mais.

Você e eu precisamos receber o amor do Pai para que, em resposta, o amemos. Temos que entender que somos as filhas amadas dele. Você é a menina dos olhos de Deus. Ele não a vê como um caso perdido, alguém difícil de amar ou sem valor. Pelo contrário, Ele lhe dá propósito, chances para mudar. O amor dele por você não oscila de acordo com seus erros e acertos. O seu valor está nele, em ser filha dele.

Como filhas, devemos nos dedicar em agradar e obedecer ao nosso Pai, vivendo conforme as Escrituras, buscando sua vontade e nos esforçando em conhecê-lo e torná-lo conhecido. Como suas filhas, a nossa natureza, essência e o nosso perfil têm de refletir a nossa filiação. Quer aprender qual é a essência da filha amada? Falaremos sobre isso no próximo capítulo, mas antes disso, vamos refletir um pouco sobre o que aprendemos nesta leitura.

Colocando em prática

Seguindo os ensinamentos deste capítulo, o que você pode colocar em prática em sua vida de forma rápida?

O que Deus falou com você ao ler essas páginas?

Versículo de lapidação

Contudo, aos que o receberam, aos que creem em seu nome, deu-lhes a autoridade de se tornarem filhos de Deus, os quais não nasceram do sangue, nem pela vontade da carne, nem pela vontade de homem algum, mas nasceram de Deus (João 1:12,13).

Vamos orar?

Pai, obrigada por poder te chamar de Aba. Quero agradecer-te por teres me escolhido para ser tua filha amada. É muito bom saber que sou filha do Rei e coerdeira do trono. Enche-me com a tua graça e me protege do que não vem de ti. Amém.

Escrita terapêutica

Anote seus pensamentos, desejos e questionamentos acerca do capítulo e entregue suas palavras diante de Deus em oração.

• CAPÍTULO 3 •

A NATUREZA DA MULHER CRISTÃ

Você já parou para pensar em quantas mentiras as mulheres têm vivido ao procurar coisas passageiras e deixando de realizar o plano de Deus para suas vidas?

Com o celular, temos na palma da mão uma tela com acesso a qualquer tipo de informação, e torna-se difícil filtrar o que absorvemos e o conteúdo que consumimos. Quando menos esperamos, somos influenciadas por produtos ou pessoas que sequer desejávamos.

Pense na rivalidade interna, a maioria das mulheres já se comparou a outras, seja com relação à aparência, ao dinheiro, à fama, ou ao estilo de vida. Os padrões socialmente e culturalmente impostos à mulher nos oprimem, sobrecarregam e frustram, porém não devemos nos preocupar com eles, pois o padrão que deve reger o nosso estilo de vida é o do reino.

A missionária Elisabeth Elliot, ao abordar a feminilidade à luz da Bíblia, afirma: "O fato de eu ser mulher não me torna um tipo diferente de cristão, mas o fato de eu ser cristã, me torna um tipo diferente de mulher".[1] O modelo que devemos seguir, portanto, não está em nenhuma rede social ou na televisão, mas no que a Bíblia nos ensina. Não podemos viver para agradar o mundo, mas para agradar ao Criador.

---

[1] ELLIOT, Elisabeth. *Deixe-me ser mulher*, p. 51.

Precisamos viver de modo diferente do padrão imposto pelo mundo. Se a versão que você almeja se tornar tem qualquer outro fundamento que não a vontade e o propósito de Deus, você não alcançará plenitude e contentamento. Entender quem somos é fundamental para podermos viver no propósito de amar o Pai.

Em Provérbios 31.10-31, temos o modelo bíblico da mulher virtuosa, que vive conforme a vontade do Senhor e, por isso, é abençoada e abençoa o seu lar e as pessoas ao seu redor. Ela é elogiada por sua sabedoria, diligência, generosidade e temor a Deus. Ela é uma inspiração para outras mulheres em seu papel como esposa, mãe e administradora do lar.

A mulher virtuosa é confiável, trabalhadora e cuida bem de sua família. Além disso, é generosa com os necessitados e sábia em suas palavras. Sua conduta exemplar demonstra como as mulheres podem ser fortes, íntegras e temerosas a Deus.[2]

Esse é um modelo que precisamos buscar, nos inspirar e tentarmos cada dia nos aproximarmos, e não nos deixarmos cair no modelo que o mundo dita como certo, pois não somos moldadas pelo mundo.

MADAME FILTRO

Você já olhou para a vida de outra mulher e sentiu inveja? Ou talvez tenha pensado "Eu deveria ser mais como ela, como ela consegue isso? Por que eu não sou assim?". Gostamos de nos comparar com uma imagem estática na tela do celular que não reflete sequer 1% da vida real de quem está do outro lado. Essa influência que recebemos da sociedade e dos padrões culturais faz com que, em muitas situações, tenhamos o desejo ou o impulso de mostrar para o mundo uma mulher que não somos. A popular citação de autoria desconhecida nunca caiu tão bem: "Muitas pessoas compram o que não precisam, com o dinheiro que não têm, para agradar quem elas não gostam".

Um estudo realizado pelo Projeto Dove pela Autoestima aponta que 84% das jovens usam filtro em suas postagens para mudar

---

[2] No meu canal do YouTube, TVA2 — Dicas para casais com Márcia e Darrell, fiz uma jornada de 21 dias para a mulher virtuosa, com base nesse ensino de Provérbios, como um recurso para ajudar as mulheres a viverem sua real identidade. Para mais informações, acesse: <youtube.com/@momentoA2>.

a própria imagem. Além disso, 78% delas tentam mudar ou ocultar uma parte do corpo ou característica física antes de publicar fotos nas redes sociais.[3]

Isso nada mais é do que fruto da necessidade de se adaptar ao padrão de beleza exigido. O resultado, segundo o estudo, são mulheres e meninas impactadas negativamente quanto à autoimagem corporal, autoestima e autoexpressão. Perceba, por favor, que o problema aqui não é somente o uso do filtro, e sim a dependência dele.

Não podemos ser definidas pelos padrões do mundo. O valor de uma mulher não está na quantidade de seguidores nas redes sociais, de curtidas e comentários nas fotos, na numeração da roupa, em quanto tempo por dia ela gasta na academia, o quanto a família dela parece ser "mais perfeita", mas em quem ela é em Cristo.

O que temos visto é que a Madame Filtro tem sido motivada a atender a um padrão irreal de beleza. A referência errada gera mulheres se comparando com as outras e presas aos parâmetros mundanos de perfeição, poder e independência. Por isso, aumentam os casos de ansiedade e depressão, pois é impossível alcançar o padrão que a mídia vende.

Grandes empresas de moda e beleza têm ditado que a sensualidade, o individualismo e a ambição profissional são os caminhos pelos quais uma mulher bem-sucedida deve seguir para ser feliz. A mulher exaltada pela mídia não precisa do homem para nada, porém a Bíblia nos ensina que não é bom que o homem esteja só e que a mulher foi criada para ser sua ajudadora (leia Gênesis 2:18) na missão de vida a ser realizada pelos dois em conjunto.

O que eu tenho aprendido é que a mulher que Deus criou não é conhecida pelas curvas do corpo, mas por sua sabedoria, paciência, pureza e amor. Essas são as referências que devemos buscar no dia a dia. Devemos, sim, cuidar do nosso corpo, e aprenderemos mais sobre isso na segunda parte do livro, mas precisamos entender que cuidar do corpo não é o exibir como um produto à venda.

---

[3] AZEVEDO, Evelin. *Pesquisa mostra que 84% das jovens editam foto antes de postar nas redes sociais*. 2 de mai. 2021. Disponível em: <https://extra.globo.com/noticias/saude-e-ciencia/pesquisa-mostra-que-84-das-jovens-editam-foto-antes-de-postar-nas-redes-sociais-24998621.html>. Acesso em: 05 de jan. 2024.

O QUE AGRADA *VERSUS* O QUE TRATA

Eu me lembro de que, em certa ocasião, ao término de uma ministração que realizei, uma amada veio à minha procura para falar da dificuldade que tinha de encontrar um marido. Em sua experiência, os homens não prestavam; os homens bons estavam em falta. Ela disse que eles somente a procuravam interessados em um momento físico, não em uma relação duradoura.

Ela me perguntou se eu achava que isso tinha a ver com ela ou se era um problema comum às outras mulheres a quem eu acompanhava. Naquele momento, resolvi falar abertamente e perguntei se ela queria que eu respondesse de modo a agradá-la ou a tratá-la. Muitas vezes, em busca de conselhos, na verdade queremos apenas uma resposta que nos agrade e valide o nosso ego. Ainda assim, aquela irmã falou que eu poderia falar o que estava em meu coração.

Um detalhe importante é que, na ocasião, essa mulher estava vestida de maneira vulgar, realçando suas curvas e chamando a atenção para o seu corpo. Então, perguntei para ela: "Quando um homem olha para você com essa roupa, ele lê uma placa. O que você acha que está escrito para esse homem: boate ou igreja?".

Seus olhos se encheram de lágrimas. Talvez, por uma carência, ela tenha sentido a necessidade de usar o corpo para chamar atenção. Abracei-a e disse que príncipes procuram princesas, e se ela quisesse um príncipe, um homem de Deus que a ame assim como Jesus amou a igreja, deveria despertar o desejo dele por ser uma princesa, não por seu corpo.

E volto a enfatizar, devemos sim cuidar do nosso corpo, nos vestir bem e estar bonitas e arrumadas, porque queremos. No entanto, não podemos ficar reféns da cultura que estimula o culto ao corpo. A verdade é que, se desejamos ser transformadas, teremos de confrontar partes de nós que não estão em concordância com a vontade e o propósito de Deus para a nossa vida. Isso será, sem dúvidas, desconfortável, mas necessário para que sejamos transformadas.

A mulher que eu quero ser não está à venda, não pode ser comprada, pelo contrário, deve ser conquistada. As Escrituras nos revelam que a mulher é muito mais preciosa do que rubis (leia Provérbios 31:10). Para Deus, o valor dela é inestimável, e esse é o padrão que devemos buscar.

Em um mundo de intrigas, corrupção, vulgaridade e egoísmo, a mulher cristã deve ser reconhecida por sua essência, por ser diferente do resto. O que Deus nos ensina é que devemos ser confiáveis, sinceras, justas, altruístas e modestas. A nossa beleza externa tem de ser um reflexo de nosso interior.

O TRABALHO EM SUA ESSÊNCIA

A natureza de uma mulher cristã é equilibrar seus muitos papéis e realizá-los com excelência. A preguiça não deve dominá-la, mas deve ser produtiva e trabalhadora (leia Provérbios 31:13-19). Hoje, o trabalho da mulher consiste em jornadas duplas ou até mesmo triplas. Muitas, além do cuidado com a casa, filhos e marido, ainda se dedicam a trabalhar fora e estudar.

E essa maestria de fazer muitas coisas ao mesmo tempo é um dom que Deus entregou para as mulheres sabendo que daríamos conta daquilo para que fomos chamadas. Por isso, precisamos ser dedicadas em tudo que fizermos, seja em nosso trabalho, em casa ou na igreja, para que possamos glorificar a Deus com nossa vida. Esta é a instrução dada por Paulo à igreja de Corinto: "Assim, quer vocês comam, quer bebam, quer façam qualquer outra coisa, façam tudo para a glória de Deus" (1Coríntios 10:31).

A maratona que vivemos nem sempre é fácil. Cumprimos tarefas e demandas que nos sobrecarregam. Contudo, precisamos nos dedicar a tudo o que fizermos, para que o Senhor seja glorificado por meio de nossa vida, certas de que Deus tem nos capacitado e sustentado. Em tudo, devemos ser excelentes, para podermos chegar ao final da corrida e saber que alcançamos o nosso objetivo.

A excelência é fundamental para vivermos uma vida plena, conforme os propósitos de Deus. Para isso, temos de abandonar o padrão e os parâmetros do mundo para que possamos viver o padrão de qualidade do céu.

Você foi feita com excelência pelo Criador e merece viver a vida que Ele tem para você. Portanto, entregue-se totalmente a Ele, para que você possa ser transformada e finalmente viva a sua melhor versão, de acordo com os parâmetros do Senhor, e não os ditados pelo mundo.

Você é digna de amor-próprio e de ser amada da maneira correta pelas pessoas ao seu redor. Seu valor é inegociável, inestimável. Nada nem ninguém pode tirar isso de você. Seja, então, fiel à sua essência e se esforce para viver como uma mulher virtuosa, que agrada o coração de Deus. Essa tem que ser a nossa busca diária.

Independentemente de como você está hoje, saiba que o Senhor tem planos para a sua vida, planos de fazer o bem (leia Jeremias 29:11). O propósito dele para você não é a mediocridade, a miséria ou o ordinário. Juntas, caminhemos em direção ao nosso alvo, na certeza de que o Pai tem cuidado de nós e de que o amor dele nos fortalece mesmo em meio às batalhas e às muitas dores, porque poderemos sim chegar ao fim e dizer que valeu a pena.

Contudo, a vida cotidiana não é fácil e somos seres humanos comuns, levados pelo cansaço e pela exaustão, por isso temos algumas batalhas no dia a dia que parecem sufocantes. Com o Senhor, no entanto, podemos superá-las. Falaremos disso no próximo capítulo.

COLOCANDO EM PRÁTICA

Seguindo os ensinamentos deste capítulo, o que você pode colocar em prática em sua vida de forma rápida?

O que Deus falou com você ao ler essas páginas?

VERSÍCULO DE LAPIDAÇÃO

A beleza é enganosa, e a formosura é passageira, mas a mulher que teme ao Senhor será elogiada (Provérbios 31:30).

Vamos orar?

Pai, ajuda-me a ser uma mulher cristã, a não me render às artimanhas do mundo e que eu viva segundo os padrões que tens para mim. Ajuda-me a refletir tua imagem aonde eu for e que eu espalhe teu bom perfume. Amém.

Escrita terapêutica

Anote seus pensamentos, desejos e questionamentos acerca do capítulo e entregue suas palavras diante de Deus em oração.

• CAPÍTULO 4 •

AS BATALHAS QUE AS MULHERES ENFRENTAM

Na caminhada rumo à nossa melhor versão vamos, sim, enfrentar grandes batalhas. Todas nós temos de superar, dia após dia, desafios e obstáculos, especialmente quando decidimos passar por um processo de transformação e confrontar a nossa natureza pecaminosa. Se nos colocamos em oposição aos padrões mundanos e seguimos a Cristo, enfrentamos ainda mais desafios, seja em nossa casa, no trabalho ou na vida social.

Nesta vida, certamente passaremos por tribulações e dificuldades. Jesus já havia nos alertado que no mundo teríamos aflições, porém também ressaltou a importância de permanecer com Ele para sermos vitoriosos, pois Cristo já venceu o mundo (leia João 16:33). O Diabo vai tentar, de todas as formas, nos parar e colocar empecilhos para nos impedir de evoluir e nos distrair do propósito para o qual fomos criadas.

Na verdade, as tentativas do inimigo mostram que estamos na direção certa: firmadas nos caminhos do Senhor e em um constante processo de santificação. Se, porém, você nunca esbarrar com o Diabo, é porque está indo na mesma direção que ele. Você não pode vencer o que se recusa a confrontar nem pode confrontar o que não pode ver, por isso fique atenta às batalhas que podem impedir sua transformação completa na mulher que você quer ser.

Muitas de nós enfrentaremos poços, prisões, injustiças e difamações a fim de viver os planos e a vontade do Senhor para nós. Os obstáculos fazem parte do processo, e temos de permanecer firmes em nosso propósito se desejamos desfrutar das coisas grandiosas que Deus designou para nós.

Para mim, o melhor exemplo de alguém que não se deixou abalar pelas batalhas da vida é o de José do Egito. Esse jovem temente e fiel recebeu um sonho de Deus e decidiu vivê-lo, apesar das improbabilidades e das injustiças sofridas. Não encontramos, em nenhum momento, evidências de que José retrocedeu, se arrependeu, murmurou ou quis desistir. Pelo contrário, permaneceu obediente, justo, fiel e temeroso ao Deus a quem servia. O que vemos durante toda a história inspiradora de José é que o Senhor estava com ele (leia Gênesis 39:2,3,21), e isso basta para quem vive seu propósito.

> Se, porém, você nunca esbarrar com o Diabo, é porque está indo na mesma direção que ele.

Estar com o Pai e viver os sonhos dele é o segredo para enfrentar e vencer nossas batalhas. A grande questão é que, às vezes, por não amarmos a Deus como deveríamos, ficamos distantes e consequentemente mais fracas. Joyce Meyer afirmou que "a verdade é que, neste instante, você está tão próximo de Deus quanto deseja estar".[1]

Trago, a seguir, algumas das batalhas mais comuns que a mulher cristã enfrenta, para que você possa analisar se está vivendo ou já viveu alguma dessas provações. Além disso, mesmo que você não passe por essas situações, é importante conhecer os obstáculos, porque isso a ajudará a se preparar para vencê-los quando eles chegarem e também para aconselhar outras irmãs em Cristo que possam estar passando por suas próprias provações.

A BATALHA DOS LIMITES

Em Salmos 139:23,24 está escrito: "Sonda-me, ó Deus, e conhece o meu coração; prova-me e conhece as minhas inquietações. Vê se no meu caminho algo te ofende e dirige-me pelo caminho eterno". Para permanecer firme no processo de transformação, é preciso autoconhecimento, inclusive nos aspectos desagradáveis e impuros que

---
[1] Meyer, Joyce. *Crie bons hábitos, livre-se dos maus hábitos*, p. 35.

desejamos ocultar. Ninguém melhor para nos ajudar nesta árdua tarefa do que o nosso Criador, que conhece as profundezas do nosso ser.

Todos os dias o pecado vem até nós e tenta nos atrair. Portanto, precisamos escolher os caminhos e a vontade de Deus. Para isso, saber quais são os nossos limites e as nossas fraquezas nos ajuda a entender em que áreas carecemos da intervenção do Senhor.

Muitas coisas estão, sim, ao nosso alcance e sob nossa responsabilidade. Todavia, tantas outras não nos dizem respeito e somente podem ser resolvidas pela intervenção de Deus. Precisamos ter discernimento entre o que é humano e o que é espiritual.

Entender seus limites significa colocar diante de Deus batalhas árduas demais, que podem vacilar sua fé e seu ânimo. Por exemplo, algumas pessoas travam batalhas intensas contra a pornografia. Por mais que seja um pecado humano, envolve questões profundas e enraizadas de autoestima, desejo carnal e muitos outros fatores.

Somente o Senhor pode nos ajudar, porque Ele trata a raiz do problema, e não os sintomas. Porém, a fim de que Cristo aja em seu coração, é preciso estar aberta a isso, se despedir de todo orgulho e de vergonha, porque Deus conhece o seu coração antes que você sequer fosse feita no ventre de sua mãe, então do que adianta se esconder daquele que tudo vê e tudo sabe?

Saiba que você não está sozinha nas batalhas, pois o Senhor está sempre conosco, porém, na maioria do tempo, nos esquecemos dele ou temos orgulho demais para pedir ajuda. A Bíblia nos ensina o seguinte em Deuteronômio 3:22: "Não tenham medo deles. O SENHOR, o seu Deus, é quem lutará por vocês". Por isso, faça tudo o que você puder e deixe Deus agir naquilo que você não pode fazer.

A BATALHA DO PERDÃO

Traída, machucada, ressentida, passada para trás, enganada... Você já se sentiu assim? Quando temos esses sentimentos, uma batalha se inicia, a do perdão. Perdoar, embora nem sempre seja fácil, é imprescindível para a saúde de todas as relações e para a nossa própria saúde mental e espiritual. Se desejamos evoluir, precisamos perdoar aqueles que nos feriram e a nós mesmas.

Nós nos relacionamos com aquilo que nutrimos em nosso coração. Se alimentamos o rancor, a ira e a mágoa, começamos a criar raízes que nos impedem de prosseguir. Por isso, perdoar é prosseguir para o próximo nível. Não perdoar nos deixa presas a um passado que não pode ser mudado.

Em diversas passagens, as Escrituras nos revelam a importância de perdoar. Em 2Coríntios 2:10,11, por exemplo, lemos:

> Se vocês perdoam alguém, eu também perdoo; aquilo que perdoei, se é que havia alguma coisa para perdoar, perdoei na presença de Cristo, por amor a vocês, a fim de que Satanás não tivesse vantagem sobre nós; pois não ignoramos as intenções dele.

Veja que importante: perdoamos para que Satanás não tenha vantagem sobre nós. Essa batalha é, também, espiritual. Se não desatarmos os laços que nos impedem de perdoar, permaneceremos presos. Se, porém, perdoarmos, poderemos continuar caminhando em direção ao futuro que Deus nos reservou.

Ainda neste livro, nas partes dois e três, vou trazer para você algo mais profundo sobre como podemos nos livrar das marcas do passado, perdoar e seguir em frente.

A BATALHA DA IDENTIDADE

No livro de João encontramos a história da mulher samaritana, que não se achava merecedora, mas que, após um encontro com Jesus, começou a viver um novo futuro (leia João 4:1-26). Ela carregara inseguranças por anos, sentia-se indigna, porém um encontro com Cristo mudou tudo.

Assim também acontece conosco. Quando temos um encontro com Jesus, nossa perspectiva é transformada, de modo que podemos nos desprender do passado, pois sabemos que Deus tem um futuro grandioso reservado para nós. O Senhor desconsidera o nosso passado, as nossas transgressões, e faz de nós nova criatura (leia 2Coríntios 5:17).

> Entre o que as pessoas acham que você é e o que Deus diz sobre você, fique com a palavra de Deus.

Entender nossa identidade em Cristo é fundamental para vencermos as batalhas que visam nos rotular com base no nosso passado, que querem nos aprisionar, estereotipar ou diminuir. Entre o que as pessoas acham que você é e o que Deus diz sobre você, fique com a palavra de Deus.

A BATALHA DO PROPÓSITO

A batalha entre viver o propósito de Deus e permanecer na zona de conforto é sempre uma luta intensa, principalmente no começo da caminhada. Temos medo de sair da comodidade e, por isso, nos contentamos com o ordinário quando, na verdade, o Senhor deseja que vivamos o extraordinário.

A Bíblia nos traz um ensino muito claro sobre isso na narrativa da história de Moisés (leia Êxodo 2). Ele vivia em um palácio, era próximo de faraó e tinha todo o conforto e as mordomias que qualquer pessoa daquele tempo sonhava em ter.

Contudo, aquela vida não era o propósito de Deus para ele; o Senhor tinha algo bem diferente e desafiador, mas, ainda assim, extraordinário. Moisés teve de sair da zona de conforto para poder pisar na zona do milagre. Na presença do Senhor, ele viveu o sobrenatural. Com toda a certeza, nenhuma das riquezas do palácio se comparava ao imenso privilégio de ser amigo de Deus (leia Êxodo 33:11).

A batalha do propósito nos leva até o nosso milagre. Talvez você esteja enfrentando essa batalha hoje. Pode ser que pense que a sua vida está ótima dessa forma, ainda que não esteja alinhada com a vontade de Deus. Ou, por medo, pensa que é melhor se contentar com pouco do que dar um passo de fé. Ouse acreditar em Deus. Ouse acreditar que os planos dele para a sua vida são maiores e melhores e se permita vivê-los.

A BATALHA DA REJEIÇÃO

A rejeição é, como afirma a escritora Joyce Meyer em *A raiz da rejeição*, como uma semente plantada por causa de diferentes acontecimentos, como o abuso, conflitos domésticos, abandono, infidelidade etc.[2] Quantas de nós colhemos ainda hoje os frutos da rejeição. Esses frutos produzem coisas horríveis, como baixa autoestima,

---

[2] MEYER, Joyce. *A raiz da rejeição*, p. 8.

amargura, frustração, insegurança e desconfiança nos relacionamentos. Sentimo-nos indignas de ser amadas, aceitas e cuidadas.

Nas páginas da Bíblia, encontramos Lia, uma mulher que conhecia profundamente a dor da rejeição. Lia foi menosprezada por Jacó, o homem que ela amava, em favor de sua irmã Raquel. No entanto, a história de Lia em Gênesis nos mostra que, apesar da rejeição e do sentimento de ser menos amada, ela encontrou seu próprio valor em Deus. Ela foi capaz de ver além do olhar humano e compreender que sua identidade e seu valor não dependiam da preferência de Jacó, mas do amor e do propósito que Deus tinha para ela. Lia, cujo nome significa "cansada" ou "esforçada", posteriormente torna-se mãe de grande parte das tribos de Israel, demonstrando que Deus trabalha e valoriza cada um de nós, mesmo quando os outros não reconhecem nosso valor.

Em um mundo no qual a maioria das pessoas compara os bastidores do que acontece em casa com o que as celebridades mostram no palco das redes sociais, a batalha da rejeição se torna ainda mais comum entre as mulheres. Contudo, podemos ser vitoriosas nessa batalha, pois o nosso Criador não nos rejeita. Muito pelo contrário, Ele nos cura, por seu amor, e corta as raízes profundas da rejeição.

A BATALHA DAS PALAVRAS

Segundo pesquisas, as mulheres falam em média 20.000 palavras por dia, 13.000 a mais do que os homens.[3]

Muitos problemas nos relacionamentos, independentemente do tipo, começam por causa das palavras. Quando usadas de maneira descuidada, impulsiva ou agressiva, podem ferir e causar danos. As Escrituras nos alertam e aconselham em diversos momentos a respeito disso. Estes são alguns versículos que podem nos ajudar a entender a importância de ser intencionais com o que falamos:

> Quem de vocês ama a vida e deseja uma vida longa para ver o bem? Guarde a sua língua do mal e os seus lábios de proferir mentiras (Salmos 34:1,2).

---

[3] Disponível em: https://www.bbc.com/portuguese/noticias/2013/11/131117_mulheres_falam_mais_homens_lgb. Acesso em 15 jan. 2023.

> A boca do justo profere sabedoria, e a sua língua fala conforme a justiça. Ele traz no coração a lei do seu Deus; nunca pisará em falso (Salmos 37:30,31).
>
> Na multidão de palavras não faltará transgressão, mas quem controla a língua é sensato (Provérbios 10:19).
>
> Há quem fale sem refletir, e fere como espada, mas a língua dos sábios traz a cura (Provérbios 12:18).
>
> Com a língua bendizemos ao Senhor e Pai e com ela amaldiçoamos os homens, feitos à semelhança de Deus. Da mesma boca procedem bênção e maldição. Meus irmãos, isso não está certo! Acaso podem brotar da mesma fonte água doce e água amarga? Meus irmãos, pode uma figueira produzir azeitonas, ou uma videira, figos? Da mesma forma, uma fonte de água salgada não pode produzir água doce (Tiago 3:9-12).

Precisamos filtrar se o que temos falado nos aproxima de Deus ou nos afasta do nosso propósito. A batalha contra palavras e pensamentos destrutivos é diária. Para que usemos as nossas palavras para o bem, temos de buscar sabedoria e discernimento.

A BATALHA DA PREOCUPAÇÃO

Você tem estado preocupada? A insegurança com relação ao amanhã a tem deixado desmotivada? No Sermão do Monte, Jesus orienta seus ouvintes a não se preocuparem, pois a preocupação não leva a lugar nenhum, ela somente nos frustra e tira a nossa paz. Nas palavras do Mestre:

> Por isso, digo a vocês que não se preocupem com a própria vida, quanto ao que comer ou beber; nem com o corpo, quanto ao que vestir. A vida não é mais importante do que a comida, e o corpo mais importante do que a roupa? Observem as aves do céu: não semeiam, nem colhem, nem armazenam em celeiros. Contudo, o Pai celestial de vocês as alimenta. Vocês não têm muito mais valor do que elas? Quem de vocês, por mais que se preocupe, pode acrescentar uma hora que seja à sua vida? (Mateus 6:25-27).

Precisamos descansar nos braços do Pai e viver nossos dias na certeza de que Ele tem cuidado de nós e jamais nos desamparará. Não podemos nos preocupar com o que não está ao nosso alcance, mas temos diariamente oportunidades de realizar com excelência o que está sob nossa responsabilidade e em tudo glorificar o Senhor. Temos oportunidades de entregar nossas ansiedades a Jesus e pedir que Ele nos ajude a prosseguir.

Que maravilha saber que, porque temos valor para Deus, Ele cuida de nós. O Senhor nos ampara, provê tudo de que precisamos e vai além ao nos conceder, por sua graça, bênçãos e favores. O Pai celestial cuida de seus filhos e filhas amados. Ele se importa conosco.

Pelo excesso de preocupação com o futuro ou pelo fardo imposto pelo passado, muitas pessoas têm adoecido. No entanto, Deus nos chama a viver o presente, uma dádiva. Não podemos mudar o passado, mas podemos aprender com o que já aconteceu e aplicar esses ensinamentos no presente. Não há como prever o futuro, porém é possível nos esforçar para viver nos caminhos do Senhor, confiar a Ele os nossos sonhos, planos e inseguranças e esperar nele.

Algumas mulheres são muito focadas no "e se...?". Tentam prever o futuro, adivinhar o que está por vir ou antecipar as consequências de tudo ao seu redor. Pensam e dizem: "E se não der certo...?", "E se ele não me amar mais...?", "E se eu não conseguir...?". Essa dúvida muitas vezes amedronta e as impede de viver o seu chamado. Ao mesmo tempo, muitas estão amarradas à âncora do passado e presas ao dilema do "Se ao menos eu tivesse insistido mais...", "Se ao menos eu tivesse chegado antes...", "Se ao menos isto...", "Se ao menos aquilo...". Essas mulheres não conseguem viver o presente porque estão presas ao passado e são incapazes de prosseguir.

O "E se...?" ou o "Se ao menos..." nos deixa preocupadas, nos ocupando antecipadamente, deixando de viver o presente que Deus nos deu.

Vamos vencer todas essas batalhas juntas? Fique comigo, pois, nesta leitura, vamos descobrir, apegadas a Cristo, como vencer as batalhas da vida. Para ajudá-la, selecionei, para o próximo capítulo, exemplos de mulheres da Bíblia que podem nos inspirar a viver de maneira que agrade a Deus, como forma de demonstração de amor a Ele.

COLOCANDO EM PRÁTICA

Seguindo os ensinamentos deste capítulo, o que você pode colocar em prática em sua vida de forma rápida?

O que Deus falou com você ao ler essas páginas?

VERSÍCULO DE LAPIDAÇÃO

Sonda-me, ó Deus, e conhece o meu coração; prova-me e conhece as minhas inquietações. Vê se no meu caminho algo te ofende e dirige-me pelo caminho eterno (Salmos 139:23,24).

VAMOS ORAR?

Pai, eu tenho enfrentado grandes batalhas. Sei que existem tribulações, mas sei também que venceste o mundo e quero me apegar todos os dias à tua presença e viver na tua Palavra. Tu conheces o íntimo do meu ser e sabes do que preciso agora. Faz com que eu possa perdoar, entender quem eu sou e viver o teu propósito, sem ficar presa nas rejeições que já enfrentei. Ajuda-me a falar palavras que edifiquem e abençoem. É o que eu te peço e já te agradeço em nome de Jesus. Amém.

Escrita terapêutica

Anote seus pensamentos, desejos e questionamentos acerca do capítulo e entregue suas palavras diante de Deus em oração.

• CAPÍTULO 5 •

O QUE EU APRENDO COM AS MULHERES DA BÍBLIA

AGRADAR ALGUÉM é uma das melhores formas de demonstrar o nosso amor. Deus deseja que, como filhas dele, sigamos seus passos e obedeçamos aos seus mandamentos. Ele quer que andemos em seus caminhos e vivamos conforme sua Palavra. As Escrituras nos orientam e inspiram. Muitas das mulheres mencionadas na Bíblia podem ser exemplos para nós ainda hoje.

Pelas fraquezas e forças das mulheres que agradaram o coração do Pai, Ele nos ensina e fala conosco. Talvez você se inspire em sua mãe, uma tia, na sua irmã mais velha ou até mesmo em uma professora. Muitas de nós nos inspiramos nas roupas, no cabelo, no jeito ou na forma de andar, falar e se portar daquelas que são modelos para nós.

Atualmente, as influenciadoras digitais têm inspirado muitas mulheres com relação à moda, ao estilo de vida, à alimentação, às finanças e ao mercado de trabalho. Contudo, as mulheres que mais me ensinam todos os dias são mulheres que não estão nas redes sociais, e sim na Bíblia. São as que deixaram um legado que me inspira e desperta a versão da mulher que desejo me tornar. Veja como você também pode se inspirar em cada uma delas para construir a versão da mulher que você quer ser.

MARIA, MÃE DO SALVADOR

Escolhida. De todas as mulheres da época, Deus a escolheu para ser a mãe do nosso Senhor e Salvador (leia Lucas 1:26-38). Como é lindo ler o relato sobre a mulher que foi agraciada por Deus e recebeu o privilégio de dar à luz ao Redentor, o Emanuel, Deus conosco. Lindo também é poder aprender com a humildade de Maria, que, mesmo sendo mãe de Jesus, em nenhum momento foi orgulhosa ou arrogante.

Quantas mulheres, às vezes por um cargo na igreja, por ter mais bens materiais, tornam-se orgulhosas, soberbas e mudam de comportamento. Maria recebeu do Senhor a dádiva de ser a mãe de Jesus e mesmo assim permaneceu humilde.

Maria sabia que seu filho seria o Redentor, foi visitada por um anjo que a disse claramente. Anos depois, quando Jesus começou seu ministério, Maria poderia ter agido com soberba, gabando-se de ser a mãe legítima do homem que estava mudando o rumo da história de Israel para sempre. Contudo, ela nunca se esqueceu que era filha de Deus, um vaso nas mãos do oleiro a ser moldado de acordo com a vontade dele.

Humildade é entender o meu papel na sociedade e no corpo de Cristo e ter cuidado para que a vaidade e o orgulho não tomem conta do meu ego. Olhando para vida de Maria, que foi escolhida dentre todas as mulheres e continuou com o espírito de serva, vejo o quanto preciso melhorar a cada dia para poder viver minha melhor versão.

MARIA MADALENA

Você se prende ao seu passado? Ele é um fardo no seu dia a dia? Talvez você tenha cometido alguns pecados dos quais se arrepende, mas não consegue abandoná-los? Maria Madalena nos dá uma aula sobre deixar o que passou ficar para trás. Mesmo tendo ficado endemoniada (leia Marcos 16:9), ela superou esse passado obscuro e se entregou como uma serva fiel de Jesus, sem olhar para trás. Maria Madalena não remoeu seus pecados, o tempo em que esteve subjugada por demônios ou seu histórico, mas se permitiu ser transformada pelo encontro com o Senhor Jesus Cristo e teve o privilégio de testemunhar sua aparição após a ressurreição.

> O seu passado pode, sim, influenciar seu presente, mas não pode, de modo algum, definir seu futuro.

Amada, infelizmente muitas de nós não conseguimos viver o que Deus quer que vivamos porque ficamos amarradas ao que fizemos, vivenciamos ou sofremos. O seu passado pode, sim, influenciar seu presente, mas não pode, de modo algum, definir seu futuro. Aprenda com Maria Madalena e siga em direção ao que Deus quer para a sua vida.

A SAMARITANA

Um encontro com Jesus e sua vida completamente transformada (leia João 4:1-26). Seu nome não nos é apresentado, mas suas atitudes têm muito a nos ensinar. Ao conhecer Jesus e a Palavra de salvação ser revelada, a samaritana saiu a falar para todos que conhecia ou não sobre Cristo, sobre o que ele fez em sua vida. Assim como aconteceu com Maria Madalena, o encontro genuíno com Cristo a transformou para sempre.

E nós? Será que o encontro com Jesus nos muda dia após dia? Muitas mulheres alegam ter entregado seus caminhos a Deus, mas suas ações não demonstram verdadeira conversão, somente aparências diante da sociedade. Por isso, reflita: há quanto tempo você não fala para as suas amigas e seus familiares sobre o que Jesus fez e tem feito na sua vida? Que tal parar agora e fazer uma postagem com a capa deste livro falando que tem se aproximado de Jesus para desenvolver a sua melhor versão? (Ah! Quando postar, me marque! Quero ser testemunha do seu coração evangelístico. Meu nome por lá é @marciaedarrell.)

ESTER

Quem não queria ser como Ester? Ela foi a rainha mais importante da Pérsia, mas não é por isso que a admiramos tanto. O principal motivo de a termos como exemplo é por sua capacidade de superação. A jovem rainha não ficou paralisada pelo medo; pelo contrário, agiu para salvar seu povo, os hebreus, de um ataque em massa. Também era humilde e sabia respeitar a opinião dos outros. Diante da ameaça, ela se preparou com jejum e oração e pediu para que os hebreus se unissem a ela nesse propósito (leia Ester 4:16), algo que precisamos aprender e levar para a nossa vida. A comunhão com Deus por meio do jejum e da oração nos leva a um novo nível de intimidade, nos conduz à profundidade na presença do Senhor. Qual foi a última vez que você jejuou por uma causa que salvaria seu povo ou sua família?

RUTE

Uma história que eu amo e admiro muito é a de Rute. É um dos maiores exemplos de fidelidade na Bíblia. Você conhece bem o texto de Rute 1:16, que diz: "Rute, porém, respondeu: 'Não insistas comigo para que te abandone e que não mais te acompanhe. Aonde fores, irei; onde repousares, ali ficarei! O teu povo será o meu povo e o teu Deus será o meu Deus!'". Esse é o tipo de fidelidade que queremos de nossas amigas, do nosso cônjuge e é principalmente o tipo de fidelidade que devemos ter com os nossos.

Rute tinha todos os motivos para partir e deixar sua sogra, Noemi, que a aconselhou a partir para a casa de seus pais e disse-lhe que não tinha nada mais para oferecer. Contudo, Rute nos ensina que a fidelidade não é uma moeda de troca, é uma relação de entrega.

Na era que as pessoas são cada vez mais egoístas e egocêntricas, encontrar uma amizade verdadeira é uma dádiva. Portanto, devemos ser como Rute: doces, amigáveis, confiáveis, leais e fiéis para cultivar boas amizades e honrar aqueles ao nosso redor.

ANA

Ninguém se compara à perseverança de Ana em oração. Se você está passando por momentos difíceis, lembre-se do quão árduo foi o sofrimento de Ana. Ela vivia com um marido que, pela legalidade da época e da tradição, tinha duas mulheres. Para completar, Ana era estéril (leia 1Samuel 1:2-5), algo que naquela época era visto como uma maldição. Ela era menosprezada pela outra esposa do marido e vivia triste, mas, mesmo assim, não desistiu do seu sonho, não desanimou ou murmurou. Em vez disso, ela perseverou em oração, se apegou a Deus e viveu o seu milagre.

O meu objetivo com este livro é que você entenda a importância de se apegar a Deus e nutrir, cada vez mais, o amor e a paixão por Ele. Meu desejo é que você, após ter entendido que é filha de Deus, entenda também como viver, o que fazer para agradá-lo, a fim de que Ele diga a seu respeito: "Esta é a minha filha amada, em quem me agrado", assim como disse a respeito de Jesus Cristo (leia Mateus 3:17).

Para ser uma filha que agrada o coração de Deus, precisamos nutrir atitudes que nos aproximam do Senhor e torná-las rotina em nossa vida. No próximo capítulo, aprenderemos a criar uma rotina com ações que refletem verdadeiramente uma filha do Criador.

Colocando em prática

Seguindo os ensinamentos deste capítulo, o que você pode colocar em prática em sua vida de forma rápida?

O que Deus falou com você ao ler essas páginas?

Versículo de lapidação

Como é feliz aquele que não segue o conselho dos ímpios, não imita a conduta dos pecadores, nem se assenta na roda dos zombadores! (Salmos 1:1).

Vamos orar?

Pai, que a Bíblia seja o meu modelo de vida, que todos os dias eu me inspire nas pessoas certas, não me deixe levar pelas influências de mulheres que têm feito coisas que te desagradam e seja uma mulher que também abençoe e inspire outras mulheres. É o que te peço e já te agradeço em nome de Jesus. Amém!

Escrita terapêutica

Anote seus pensamentos, desejos e questionamentos acerca do capítulo e entregue suas palavras diante de Deus em oração.

• CAPÍTULO 6 •

AS ATITUDES QUE NOS APROXIMAM DE DEUS

Precisamos de novas atitudes quando decidimos entrar na busca para nos aproximar mais de Deus e sermos lapidadas pelo Ourives. Temos de adotar novos comportamentos que demonstram nosso amor por Ele. Essas atitudes nos afastam do modelo feminino imposto e valorizado pelo mundo e nos aproximam dos planos de Deus. Quero trazer para você neste capítulo algumas atitudes importantes que devemos aplicar em nosso dia a dia, a fim de nos aproximar ainda mais do Senhor.

A primeira atitude que devemos ter é a de olhar para frente, viver na promessa com fé. Precisamos ser como os espias Josué e Caleb, que viram o lado bom e tomaram posse da terra prometida (leia Números 14:7,8). Novamente, enfatizo que não podemos viver presos ao passado. Se desejamos ser bem-sucedidas em nossas conquistas, temos de seguir adiante, com os nossos olhos voltados para as promessas de Deus. Se estivermos firmadas em nosso propósito, nada poderá nos estremecer ou impedir.

Portanto, olhe com fé para as promessas de Deus para a sua vida e decida avançar. Lembre-se de que Cristo nos prometeu a vida em abundância (leia João 10:10). Precisamos olhar com olhos espirituais se desejamos contemplar a plenitude e as maravilhas reservadas para nós. Darrell, meu amado marido, sempre fala para mim que ele viu o futuro dele, achou-o lindo e está correndo para lá. Vibrar com o futuro é o combustível para nos movermos.

A segunda atitude que devemos buscar é ter misericórdia. Temos de ser generosos, bondosos e agir como Jesus com cada pessoa que cruzar a nossa vida, pois isso nos ajuda a despertar nossa melhor versão. E, para isso, precisamos julgar menos e cuidar mais. O nosso olhar para o outro deve ser empático, amoroso, compreensivo e justo, como é o de Cristo. Ao ver o sofrimento de alguém, Ele não apontava o dedo ou caçoava, mas estendia a mão e oferecia seu amor imensurável. Quão melhor seria a nossa vida se todos agissem da mesma forma!

Uma inspiradora citação atribuída à religiosa Teresa de Calcutá (1917-1997) nos ensina sobre demonstrar o amor a Deus por meio da demonstração de amor pelos outros: "A misericórdia é uma forma de amor em que, em vez de sermos o centro do mundo, nos transformamos em meros canais através dos quais Deus pode dispensar seu amor e misericórdia". Quando agimos assim, Ele cresce e nós diminuímos.

Provérbios 15:33 afirma que a humildade precede a honra. Já em Mateus 5:5, a Bíblia diz que os humildes receberão a terra por herança. Sim, a humildade é uma busca de todos os cristãos, e essa é a terceira atitude que devemos adotar para nos aproximar mais de Deus. As Escrituras nos revelam que a humildade provém da sabedoria (leia Tiago 3:13), então, se desejamos agradar a Deus, temos de buscar a sabedoria dos céus.

Como vimos no exemplo de Maria, a mãe de Jesus, temos de ser humildes, compreendendo que as dádivas que recebemos dizem respeito à essência do Doador, não à nossa. Jamais seremos merecedoras de tudo o que o Senhor nos dá, todavia, com Sua graça infinita, Ele nos concede mais do que somos dignas de receber.

A quarta atitude da mulher cristã que devemos buscar é ser pacientes. Deixar de lado a ira, fúria, revolta, agressividade e agir e reagir como Jesus agiria, dando espaço para o Espírito Santo agir em nós e por meio de nós (leia Romanos 8:9). Nem sempre será fácil, porém é extremamente necessário para que possamos crescer e ser lapidadas.

Agostinho de Hipona certa vez disse que "pela esperança formos salvos, e aguardamos com paciência o cumprimento de tuas promessas". A paciência é uma virtude na vida cristã.[1]

---

[1] Hipona, Agostinho, *Confissões*, livro XI, capítulo IX, parágrafo II.

Eu sei o quanto, em um mundo de tanta confusão, há dias em que a paciência some. No entanto, nesses dias, temos de parar, orar e esperar o Espírito Santo agir em nós e por meio de nós. E isso tem a ver com outra característica muito importante, e a quinta atitude, que é ser mansa. A mansidão é um dos atributos do fruto do Espírito (leia Gálatas 5:22,23). Temos de ser mansas no falar e agir, como reflexo do caráter de Cristo. Veja bem, a mansidão não significa aceitar que passem por cima de você, não. Mas é ter calma e paciência em situações que normalmente deixariam as pessoas fora do eixo, é viver uma intimidade tão profunda com Deus que o resto é barulho.

Em sexto lugar, devemos ser bondosas, assim como é o nosso Deus. Da mesma forma como Ele é bom o tempo todo (leia Salmos 100:5), devemos nos dedicar a tratar os outros e a nós mesmos com bondade. Fazer o bem sem importar a quem deve ser a nossa meta.

A bondade é um atributo fundamental que reflete o caráter de Deus. A bondade envolve tratar os outros com gentileza, ajudar os necessitados, perdoar e buscar o bem-estar do próximo. Jesus é o exemplo máximo de bondade, pois Ele veio ao mundo para salvar e servir a humanidade.

Para o escritor Henri Nouwen, a bondade é o caminho para um modelo de vida enraizado na esperança eterna.[2] Vamos precisar agir como Deus, sendo bondosos como Ele é, e essa é uma premissa de vida, uma atitude que precisamos escolher todos os dias. Sobre isso, Stormie Omartian certa vez afirmou algo que me marcou muito: "Se o amor de Deus e o testemunho de sua bondade não estão em nosso coração, então não sairão de nossa boca".[3]

Entretanto, nenhuma atitude é mais importante do que refletir o amor de Deus. Nós servimos a um Deus que é amor, então precisamos buscar demonstrar amor acima de tudo.

Se até aqui tudo pareceu muito difícil para você, quase utópico, não tenha medo. O processo de lapidação é trabalhoso e leva tempo, mas a base dele é a mesma independentemente da fase em que você está: a oração. No próximo capítulo, explicarei sobre o poder da mulher

---

[2] Citado em https://guiame.com.br/gospel/mundo-cristao/transforma-meu-pranto-em-danca acessado em 14/4/2024.

[3] Omartian, Stormie, *O poder da mulher que ora*, p. 201.

que tem a oração como sua premissa de vida. Desde já, oro para que nada a distraia ou tire de vista o que Deus deseja ensinar-lhe.

Colocando em prática

Seguindo os ensinamentos deste capítulo, o que você pode colocar em prática em sua vida de forma rápida?

O que Deus falou com você ao ler essas páginas?

Versículo de lapidação

Josué, filho de Num, e Calebe, filho de Jefoné, os quais estavam entre os que haviam espiado a terra, rasgaram as suas vestes e disseram a toda a comunidade dos israelitas
—A terra que percorremos para espiar é excelente. Se o Senhor se agradar de nós, ele nos fará entrar nessa terra, onde fluem leite e mel, e a dará a nós. Apenas não se rebelem contra o Senhor nem tenham medo do povo da terra, porque nós os devoraremos como se fossem pão. A proteção deles se foi, mas o Senhor está conosco. Não tenham medo deles! (Números 14:6-9).

Vamos orar?

Paizinho, dá-me os olhos de Josué e Calebe. Faz-me enxergar as possibilidades em vez de focar as dificuldades. Quero ter os olhos da fé. Quero ser humilde, dedicada e amorosa, vivendo a tua vontade e refletindo o teu amor. Em nome de Jesus, amém.

Escrita terapêutica

Anote seus pensamentos, desejos e questionamentos acerca do capítulo e entregue suas palavras diante de Deus em oração.

◆ CAPÍTULO 7 ◆

O PODER DA MULHER QUE ORA

Existe um poder que pode mudar o mundo. Trata-se do poder da oração. Há diferentes concepções sobre o empoderamento, principalmente no que diz respeito ao empoderamento feminino. Muitos tratam-no como a emancipação dos direitos da mulher, a independência do homem e a revolta contra a sociedade patriarcal. Saiba, porém, que mulher empoderada de verdade é aquela que acessa o coração do Pai, pois este, sim, é o todo-poderoso.

O verdadeiro e eficaz empoderamento é aquele que desce dos céus e nos é concedido pelo nosso Senhor, por intermédio do Espírito Santo de Deus. O maior direito que podemos e devemos defender é o de estar em audiência exclusiva com o Rei dos reis, algo que você e eu podemos acessar a qualquer momento.

Não precisamos de Wi-Fi, bateria ou sinal de rede para acessar o nosso Pai, pois ele está conosco em todo momento. Deus está a apenas uma oração de distância e sempre se agrada em conversar com os seus filhos amados. Para despertar a nossa melhor versão, precisamos nos abastecer do poder da mulher que ora.

> Deus está a apenas uma oração de distância

Em primeiro lugar, lembre-se que o seu superpoder não tem o objetivo de atacar ou ferir ninguém, mas de melhorar a mulher que existe em você. Tenho notado que, quanto mais tempo eu passo com Deus, mais muda a forma como me relaciono com as pessoas.

Em Efésios 6:18, a Bíblia nos ensina que devemos orar em todas as ocasiões, que devemos estar atentos e perseverar em oração. Já Filipenses 4:6 afirma que devemos apresentar tudo a Deus por meio da oração. Em Tiago 4:2, lemos que o motivo pelo qual não temos o que desejamos é porque não pedimos a Deus. Precisamos colocar tudo em oração, tanto nossas súplicas e angústias quanto as ações de graça. Esta é a maior demonstração de amor a Deus: passar tempo com Ele.

> Quanto mais tempo eu passo com Deus, mais muda a forma como me relaciono com as pessoas.

Stormie Omartian comentou: "A oração é a maior dádiva que podemos oferecer a qualquer pessoa. As coisas materiais são temporárias, mas as orações que fazemos por outra pessoa podem afetá-la por toda a vida".[1]

Temos de tirar o controle das nossas mãos e entregá-lo a Deus, para que Ele possa nos transformar e lapidar. Se desejamos mostrar ao mundo a nossa melhor versão, precisamos, antes de tudo, buscá-la e desenvolvê-la no secreto com o Pai.

A minha proposta é uma ferramenta suave de restauração obtida mediante as orações de uma mulher que deseja fazer o que é certo mais do que estar certa, e dar vida mais do que dar o troco àqueles que passam por ela. Quero que você convide Deus para fazer parte do seu dia a dia. Quero que você entenda a importância de ter a oração como estilo de vida, não apenas como recurso casual e periódico.

Para nos aproximarmos de Deus, devemos refletir sobre nossas ações. Isso envolve abrir nossos olhos espirituais para enxergar os erros, ter convicção a respeito do que queremos e direcionar nossos pensamentos a Deus. Pela oração, não somente nos aproximamos do Pai e o conhecemos melhor, como também conhecemos o nosso interior.

Para isso, precisamos dedicar tempo nesse relacionamento com Deus. Pode ser necessário diminuir o uso de redes sociais, horas extras no trabalho, às vezes passar menos tempo fazendo um hobby ou até mesmo de descanso, mas você só tem a ganhar ao ter mais tempo com Deus. Lembre-se de que sem renúncia, não há conquista.

---

[1] Omartian Stormie, *O poder da mulher que ora*, p. 195.

A oração precisa ser feita com fé, objetividade e com a certeza de que Deus nos ouve. Embora o Senhor saiba todas as coisas, Ele quer ouvir da nossa própria boca e alma os nossos desejos, anseios, dúvidas, falhas e motivos para sermos gratas. Vamos a alguns passos simples para que você comece a ter mais poder, vivendo o estilo de vida de uma mulher que ora.

ORE POR SI MESMA

Para que eu possa orar por meu marido, meus filhos e pelas pessoas na minha vida, bem como interceder por minha cidade, estado e país, eu preciso orar por mim mesma. Preciso pedir a Deus que me refaça e, para isso, é necessário aceitar os meus erros e confessá-los a Deus.

Às vezes achamos que coisas consideradas "bestas", como mentir, julgar ou falar mal dos outros são coisas normais, quando, na verdade, não são, pois nos afastam de Deus. Precisamos melhorar de dentro para fora e nos fortalecer, para, então, cuidarmos dos outros. Stormie Omartian afirma que você precisa investir em si mesma, em sua saúde e em seu futuro. É egoísmo não fazer isso.[2]

Precisamos estar em vigília (leia Mateus 26:41), atentos ao que praticamos, falamos, desejamos ou pensamos. Ao orar constantemente, passamos a conhecer melhor a vontade de Deus e os recursos dos quais podemos nos apropriar para ser fortalecidas e não cair em tentação.

ORE POR PERDÃO

Ao citar a oração do Pai Nosso, o Senhor Jesus nos ensina a pedir perdão e a perdoar: "Perdoa as nossas dívidas, como também perdoamos aos nossos devedores" (Mateus 6:12). Portanto, todas as vezes em que entrarmos na presença de Deus por meio da oração, temos de reconhecer nossas falhas e pedir ao Senhor que trate aquelas dores, feridas e mágoas que insistem em fazer morada em nosso coração.

Precisamos pedir a Deus que nos ensine a perdoar como Jesus perdoa. O perdão é libertador. No caso do sacrifício remissivo de Cristo,

---

[2] Omartian, Stormie, *O poder da esposa que ora*, p. 36.

o perdão foi a nossa libertação. No caso daqueles que nos feriram, o perdão é tanto a nossa própria libertação quanto um reflexo da graça pela qual fomos perdoados. Por isso, devemos pedir ao Senhor que esvazie nosso coração de ressentimentos, pois a mágoa e o ressentimento apenas nos afastam de Deus.

Quanto mais sentimos raiva de alguém, mais ficamos doentes, rancorosos e amargurados. Não perdoar é como tomar veneno e querer que o outro morra. Por isso, sempre ore para que Deus a liberte das mágoas e dos rancores.

ORE PARA SE FORTALECER

Agir como Cristo é um chamado para todos nós como cristãs, mas muitas vezes enfrentamos dificuldades ao tentar reagir como Ele, especialmente durante os momentos de tribulação. É natural que, como seres humanos imperfeitos, deparemo-nos com desafios ao tentar espelhar o caráter de Cristo em todas as circunstâncias. No entanto, é importante lembrar que não estamos sozinhas nesta jornada.

Ao orarmos a Deus em momentos de dificuldade, podemos pedir por Sua ajuda para lidar com as situações difíceis que enfrentamos. Podemos pedir ao Espírito Santo que nos capacite a reagir com amor e paciência, mesmo quando nos sentimos machucadas ou injustiçadas.

ORE PARA TER DISCIPLINA

É importante que a oração seja feita em um lugar reservado, em um tempo planejado e com uma rotina definida. Imagine a disciplina de oração como um compromisso agendado. Você define um dia, um horário e um local e faz disso um hábito. Ter seu quarto de guerra, de preferência para o qual você possa levar o seu diário de oração, colocar um louvor e saber que não será interrompida por ninguém... Tudo isso torna o seu tempo de qualidade com Deus muito mais calmo e reservado.

Certa vez, ouvi de um pastor amigo comentar que a missionária Elisabeth Elliot contou um testemunho de oração da seguinte forma:

> Eu aprendi que havia duas coisas extremamente importantes para que eu tivesse uma oração bem-sucedida: tempo para orar e um

lugar para orar. Há uma dinâmica real que começa a ser criada quando você ora intencionalmente, no mesmo lugar, por anos. E, se você pode incluir a mesma hora todos os dias, será melhor ainda. Com o tempo, você começa a sentir o lugar como um "lugar santo", um "local de encontro". Sua mente e coração começam a relaxar quando você se senta para orar.

A oração é um caminho para fortalecer nosso espírito. A vida de oração requer leitura da Bíblia, reflexão, fé, obediência e saber que quanto mais você se entrega ao seu momento com Deus, mas Ele cuidará dos seus caminhos.

ORE PARA QUE DEUS CONTROLE A SUA MENTE

Um dos grandes desafios das mulheres é pensar em muitas coisas ao mesmo tempo. Nem todas essas coisas são boas, por isso precisamos pedir a Deus que cuide de nossos pensamentos. Preocupar-se demais com algo que não é tão importante, cultivar pensamentos destrutivos, sofrer antecipadamente, desenvolver desconfianças infundadas com relação ao comportamento do seu cônjuge e das pessoas ao redor e outras inseguranças improdutivas são desvios da mente que precisamos evitar.

Precisamos levar cativos os nossos pensamentos a Deus, conforme afirmou o apóstolo Paulo na segunda carta à igreja de Corinto (10:5). Os nossos pensamentos pecaminosos, prejudiciais, impuros e fracos devem ser submetidos ao Senhor, para que Ele trabalhe em nós e seja glorificado também pelo que é produzido em nossa mente.

ORE PARA QUE DEUS GOVERNE TODAS AS ÁREAS DA SUA VIDA

Precisamos que Deus tome conta de toda a nossa vida, não apenas do relacionamento amoroso, da vida familiar, financeira, social, profissional, religiosa etc. Em cada área da nossa vida, cada aspecto de nosso ser, Deus deve ser o governador soberano. Por isso, temos de nos render a Ele completa e integralmente.

Vai adiantar pouco levantar a mão em sinal de adoração e reverência na igreja ou orar fervorosamente diante dos irmãos em Cristo se, no secreto, você não tem buscado intimidade com Deus. Da mesma forma, de nada vale ser elogiada pelos outros no trabalho, no círculo de amigas e na igreja se na sua casa você é hostil com o seu marido e com os seus filhos.

Da mesma boca não podem proceder bênçãos e maldições, conforme nos ensinam as Escrituras em Tiago 3:11,12: "Acaso podem brotar da mesma fonte água doce e água amarga? Meus irmãos, pode uma figueira produzir azeitonas ou uma videira, figos? Da mesma forma, uma fonte de água salgada não pode produzir água doce".

Da sua vida não podem proceder dois tipos diferentes de frutos. Se você deseja viver pelo Espírito, tem de dar o fruto do Espírito em todas as áreas. Por isso, humildemente se coloque diante de Deus em oração e peça a Ele que a governe por inteiro. Entregue-se a Ele e aceite ser conduzida pelo Espírito Santo.

ORE PELA VIDA ESPIRITUAL DO SEU AMADO

Sendo ele cristão ou não, você precisa orar pela vida espiritual do seu cônjuge. Sendo casada, noiva, namorada ou ainda solteira, você pode e deve orar pelo homem com quem um dia irá se relacionar. Sim, você pode orar pelo que está por vir.

Sei de muitas mulheres que sofrem em relacionamentos com homens que não têm uma vida temente a Deus, e isso é uma grande batalha. Você não pode forçar alguém a entregar os seus caminhos ao Senhor, mas pode orar e interceder para que o homem a quem você ama seja tocado pelo Espírito.

Peça também que Deus transforme a sua conduta conforme a vontade dele, para que você seja um exemplo do caráter de Jesus. Em 1Pedro 3:1, lemos que a conduta exemplar da esposa pode fazer que o marido seja ganho mesmo sem palavras. Por isso, dedique-se não somente a orar por seu amado como a também ser abençoadora.

ORE POR SUAS EMOÇÕES

Nós somos seres emocionais. Nunca tivemos tantas lutas contra depressão, ansiedade, síndrome do pânico, suicídio e outras doenças e transtornos que assolam o coração e a mente quanto temos hoje. Precisamos estar atentas a essa área e orar sempre por nossas emoções.

Oração tem de ser um estilo de vida. Ou seja, tem de impactar todas as áreas, inclusive as invisíveis. Podemos tentar mascarar para o mundo as nossas emoções, mas nada podemos ocultar do Deus que conhece o nosso interior.

Ore pela sua saúde mental, física e espiritual, não espere que a situação fique alarmante antes de tomar providências. O Senhor se importa com você por completo, isso significa que a sua mente e o seu coração também estão diante do Pai, então entregue-os nas mãos de Cristo, porque Ele tem cuidado de você.

ORE PELA SAÚDE FÍSICA E PROTEÇÃO

Como em todas as outras partes da nossa vida, temos uma responsabilidade para com o nosso corpo. Cuidamos dele através de exercícios físicos, alimentação saudável, consultas regulares com médicos e nos afastando de lugares hostis que possam nos machucar ou prejudicar. Precisamos orar para que Deus proteja o nosso corpo de todo o mal, inclusive doenças que possam nos ferir. Por isso, temos de pedir a Deus que nos dê livramento e que acampe seus anjos ao nosso redor por onde formos. Lembre-se, no entanto, de que enfermidades não são sinais de maldições divinas, e sim respostas do corpo a como cuidamos dele. Por isso, cuide do templo do Senhor que é seu corpo com reverência.

ORE PELO FUTURO

Precisamos ter sonhos e pensar no futuro. Saber a direção em que estamos seguindo e ter clareza de nosso propósito nos ajuda a permanecer firmes no sentido da nossa vida. Por isso, ore pelo futuro. Insista, persista e coloque Deus como o centro da sua vida. Submeta a Ele os seus sonhos e projetos, para que a vontade do Senhor se cumpra na sua vida.

A minha busca é que, por passar tanto tempo na presença do Senhor, as pessoas olhem para mim e vejam o caráter dele. No jeito de falar, tocar e andar, nas virtudes e ações, desejo ser como Ele, e a oração é o melhor caminho para conseguir isso.

Recomendo que você separe um tempo para orar agora, pedindo para que, a cada página deste livro, a cada mensagem, Deus fale ao seu coração e cuide do futuro que você começou a construir agora.

COLOCANDO EM PRÁTICA

Seguindo os ensinamentos deste capítulo, o que você pode colocar em prática em sua vida de forma rápida?

O que Deus falou com você ao ler essas páginas?

VERSÍCULO DE LAPIDAÇÃO

Orem no Espírito em todas as ocasiões, com toda oração e súplica; tendo isso em mente, estejam atentos e perseverem na oração por todos os santos (Efésios 6:18).

VAMOS ORAR?

Paizinho, quero que desças do céu todo o teu poder. Que meu maior desejo seja sentir a tua presença. Faz de mim um vaso novo e me ajuda na construção da minha melhor versão. Quero ser conhecida por ser igual a ti. Auxilia-me a ter mais disciplina, abre meus olhos para te enxergar nas pequenas coisas e te escutar em todos os teus ensinamentos. É o que te peço e já te agradeço em nome de Jesus. Amém.

Escrita terapêutica

Anote seus pensamentos, desejos e questionamentos acerca do capítulo e entregue suas palavras diante de Deus em oração.

◆ CAPÍTULO 8 ◆

ELE NÃO É O PRIMEIRO LUGAR

O PRIMEIRO PECADO foi fruto do esquecimento da importância de Deus. Desde o princípio, Deus estava presente, como lemos nos primeiros capítulos de Gênesis. O Criador visitava Adão e Eva, falava com eles e os orientava (leia Gênesis 3:3). Enquanto obedeciam à voz de Deus, o lar era um paraíso. Quando resolveram deixar o Senhor de lado, o pecado encontrou uma brecha para se fazer presente (leia Gênesis 3:6,7), desde então a humanidade vive sob o jugo do pecado.

Se você parar para analisar, passados milhares de anos, o mesmo ainda acontece nos lares: quando Deus está presente, há harmonia, paz, amor e cooperação entre todos. Quando Deus fica de fora, há brigas, intrigas, contendas, ciúmes, falta de amor e desunião.

No livro que escrevi com Darrell chamado *Quando a família corre perigo*, falamos sobre uma das armadilhas que ronda as famílias, a distância de Deus. Nesse livro, fazemos alusão a Deus como o protagonista da nossa história.[1] Essa reflexão vale para nós, mulheres, e tem a ver com a história da nossa vida.

Se paramos para pensar no enredo da nossa vida e no papel de Deus nessa narrativa, provavelmente vamos nos surpreender. Já passei por épocas em que Ele atuava apenas como figurante, porque eu o coloquei dessa forma. O figurante é aquele que está presente na

---

[1] MARINHO, Márcia; MARINHO, Darrell. *Quando a família corre perigo*, p. 138.

história, mas nem todo mundo o vê, tampouco exerce um papel de influência relevante.

Em outra fase, coloquei Deus como coadjuvante. Sabe como é o coadjuvante em uma história? É aquele que aparece e desaparece na narrativa; ele até ajuda o protagonista e recebe certa atenção, mas desempenha um papel secundário.

Até que um dia eu descobri o real papel que Deus deveria ter na minha história e o chamei para ser o protagonista. A minha vida mudou muito quando entendi que o meu enredo deveria girar em torno dele como figura principal.

O renomado escritor A. W. Tozer comenta: "O primeiro e maior mandamento é amar a Deus com toda força de nosso ser. Onde existe um amor como esse, não há lugar para um segundo objeto amado".[2]

Eu, assim como você, já passei por fases muito diferentes na minha vida. Fases em que me achei feia, gorda demais, triste, desajeitada, envergonhada, tímida, pobre e rejeitada. E nessas fases eu sempre busquei uma válvula de escape, uma corda para me tirar do fundo do poço. Algo que poderia me deixar "melhor".

Em algumas etapas, para sair da crise financeira, a minha vida começou a girar em torno do dinheiro. É como se o dinheiro fosse o Sol do sistema solar da minha vida. Em outro momento, meu sistema solar girou em torno do Darrell, porque eu achava que ele fosse a minha vida. Somos casados e felizes para sempre, mas ele não é minha vida e meu sistema solar não gira mais em torno dele.

Depois que tive um encontro genuíno com Deus, descobri que o único é Ele, sim, Ele é minha vida. Ele é o centro do meu sistema solar. Quando percebi que a vida vem dele e que a minha proteção e o meu guia estão nele, libertei-me do fanatismo do dinheiro, da compulsão por compras e do meu cônjuge.

Um dia eu aprendi que todas nós temos um vazio existencial, um buraco em nosso coração exatamente do tamanho de Deus. Somente Ele pode suprir aquilo que realmente falta em nós. Quando me enchi dele, entendi que é mais do que suficiente.

---

[2] Tozer, AW. *Homem: o local onde Deus habita*, p. 68.

Por não entenderem o propósito para o qual nasceram, por não entenderem o real sentido do amor e não se sentirem amadas nem conseguirem amar verdadeiramente, muitas mulheres têm caído em armadilhas. Neste mundo de tantas oportunidades e mentiras, as pessoas têm recorrido a vícios como rota de fuga, o que gera cada vez mais dependências.

As pessoas costumam dizer que um vício é algo que alivia a dor pela qual estão passando, algo para deixá-las mais leves. Consideram como uma saída para o estresse ou uma busca de significado. Já vi depoimentos de pessoas que diziam que aquela dependência as deixava com uma sensação de vitalidade.

A Bíblia, porém, nos diz em Romanos 8:28 que o Deus todo-poderoso, Criador do céu e da terra age em todas as coisas para o bem daqueles que o amam. Uau! Se nós amarmos o Senhor e nos entregarmos, Ele age para o nosso bem. Tem liberdade maior do que essa?

Em Jeremias 29:11, um dos meus versículos favoritos, está escrito que o Senhor tem planos para mim e para você, para que possamos prosperar. Ele tem planos para nos dar esperança e um futuro. Existe segurança maior do que saber que quem eu amo cuida do meu futuro?

Além disso, as Escrituras afirmam que Ele é o nosso pastor e que nada nos faltará (leia Salmos 23:1). Você entende a dimensão disso? Aquele a quem escolhi para ocupar meu tempo, meus pensamentos e meus desejos supre minha vida a ponto de não haver mais espaço para cair nos vícios que o mundo oferece.

Em Efésios 3:20 está escrito que Ele é capaz de realizar infinitamente mais do que nós pedimos ou pensamos. Ou seja, Deus tem para nós planos muito mais extraordinários do que poderíamos sonhar ou desejar. Então, saiba que diferentemente do que o que o mundo tem para oferecer, o que Deus preparou para nós é exatamente aquilo de que precisamos.

Deus deve ser a prioridade absoluta e não deve haver comparação entre ele e qualquer outra coisa. Ele deve ocupar uma posição única e suprema na vida de uma pessoa, pois somente o Senhor é digno de adoração.

Por isso penso ser injusto dizer que devemos colocar Deus em primeiro lugar. Porque, no momento que coloco uma classificação de Deus em primeiro, marido em segundo, filhos em terceiro e assim por diante, classifico o Senhor de acordo com uma escala de valores que não compreende a grandeza ou a importância dele.

No entanto, o amor que tenho por Deus não pode ser mensurado. A minha entrega, paixão, devoção e adoração a Ele não podem estar na mesma lista que outras coisas ou pessoas, apesar de elas serem, sim, importantes. Deus, porém, é único. E esse amor por Ele tem de ser uma busca prioritária para cada uma de nós.

Para ajudá-la a aumentar esse amor, quero compartilhar quatro coisas que tenho feito para me aproximar mais de Deus. São quatro referências para colocá-lo sempre antes de tudo, como prioridade máxima.

Primeira hora do dia	Orar, me conectar com Ele e ler a Palavra
Primeiro dia da semana	Cultuar
Primeira semana do mês	Jejuar
Primeiro recurso financeiro do mês	Dizimar

Creio que essas quatro atitudes me ajudam a demonstrar o meu amor por Deus, a me concentrar no que realmente é mais importante e a ser mais plena para viver a versão da mulher que eu quero ser.

Agora, após entendermos que temos de amá-lo acima de todas as coisas, estamos prontas para prosseguir para a segunda parte do livro. Trataremos do amor-próprio para que, por fim, possamos entender sobre amar o próximo. Você está preparada? Este tempo de amor será, sem sombra de dúvidas, maravilhoso. Tenho grandes expectativas para esta jornada que está só no começo, o melhor com Deus está por vir. Amém!

Colocando em prática

Seguindo os ensinamentos deste capítulo, o que você pode colocar em prática em sua vida de forma rápida?

O que Deus falou com você ao ler essas páginas?

Versículo de lapidação

Não há absolutamente ninguém comparável a ti, ó Senhor; tu és grande, e grande é o poder do teu nome (Jeremias 10:6).

Vamos orar?

Meu Jesus, peço-te perdão pelas vezes que te comparei a algo ou alguém e não te priorizei como deveria. Obrigada por através dessas palavras poderes me relembrar o lugar que eu preciso te colocar. Tu és único, incomparável e inigualável. Tu és santo, poderoso e majestoso e me rendo a ti totalmente. Molda-me de acordo com teus planos. Amém!

Escrita terapêutica

Anote seus pensamentos, desejos e questionamentos acerca do capítulo e entregue suas palavras diante de Deus em oração.

• PARTE 2 •

AMAR A SI MESMA

• CAPÍTULO 9 •

EU ME CONHEÇO

EM DIVERSOS MOMENTOS da minha vida, foi desafiador olhar para o espelho e não reconhecer aquela mulher que aparecia ali. Creio que era um momento de contraste no qual eu via nitidamente a diferença entre a menina sonhadora da adolescência e aquela versão de mulher que eu havia me tornado. Meu eu adulto muitas vezes me decepcionava por estar tão distante da idealização. Eu me julgava, maltratava e cobrava, mas acredito que, na verdade, eu não me conhecia.

Aquela figura refletida no espelho parecia burra, desengonçada, atrapalhada e incapaz. Rotulei-a com base nas mentiras que foram proferidas contra mim durante a vida, nas armadilhas que o Diabo colocou na minha mente e nas rejeições que vivi. E, talvez, em algum momento da sua vida, você também tenha passado por isso.

O teólogo Henri Nouwen observou algo que tem muito a ver com essa situação:

> Ao longo dos anos, vim a perceber que a maior armadilha de nossa vida não é o sucesso, a popularidade ou o poder, mas a autorrejeição. Sucesso, popularidade e poder podem representar grandes tentações, mas a qualidade sedutora em geral provém de como se integra à tentação bem maior: a autorrejeição. Quando chegamos a acreditar nas vozes que nos chamam de indignos e inamáveis, então, o sucesso, a popularidade e o poder são facilmente percebidos como soluções atraentes. A verdadeira armadilha, entretanto, é a autorrejeição. Assim que alguém me acusa ou me critica, assim que sou rejeitado, deixado só, abandonado, me pego pensando: "Bem, isso mais uma vez

prova que não sou ninguém". [...] [Meu lado sombrio diz:] não tenho nada de bom, mereço ser deixado de lado, esquecido, rejeitado e abandonado. A autorrejeição é o maior inimigo da vida espiritual porque contradiz a voz sagrada que nos chama de "amados". Ser o amado constitui a verdade essencial de nossa existência.[1]

A rejeição era fruto da minha falta de autoconhecimento. Eu não sabia que Jesus me chamava de amada, não de desajeitada; que Deus me considera filha, não agregada; que eu fui encontrada para ser amada, cuidada e ir para o colo dele. Ao me permitir viver o amor dele, todo o meu ser mudou.

O autoconhecimento é um dos grandes desafios do ser humano. Quantas de nós estudamos para ter uma profissão, investimos em cursos on-line para aprender receitas saudáveis ou a fazer a melhor maquiagem e nos esquecemos de conhecer a nós mesmas?

Para despertar a mulher que queremos ser, tudo começa em nos conhecermos. O autoconhecimento é o passo para podermos subir de nível e dar a nós e ao mundo uma versão melhor das mulheres maravilhosas que somos, criadas à imagem e semelhança do Senhor (leia Gênesis 1:27).

Um dos motivos pelos quais escolhi me formar em psicologia foi para poder vivenciar o cuidado de investir tempo em vidas. Na adolescência, meus pais investiram na minha saúde emocional por meio do cuidado terapêutico, e isso me estimulou a também querer cuidar das pessoas.

Aquelas sessões me davam a oportunidade de falar coisas que eu não podia falar para os meus pais. Eu me sentia mais segura, à vontade e confiante com minha terapeuta, e isso fazia o meu coração se abrir. A cada fala, eu me conhecia mais.

Hoje, anos depois e bem mais madura do que aquela adolescente em seus primeiros contatos com a terapia, observo e estudo a natureza humana. Deus me deu a oportunidade de me conectar com milhares de mulheres em meus seminários por tantos lugares pelo mundo. Quando paro e olho nos olhos delas, vejo o quanto elas necessitam de alguém com quem se abrir.

---

[1] NOUWEN, Henri. *Life of the Beloved*, p. 21.

Presencio a dor e o sofrimento, o quanto estão presas a traumas, desafios e crenças limitantes que as impedem de ser quem foram criadas para ser. O falar, se abrir e se conhecer é fundamental para essa descoberta. A grande questão é que o autoconhecimento dói. Por isso, muitas mulheres fogem dele. Elas não se tratam, não se aprofundam, apenas se escondem.

No consultório, uma das linhas terapêuticas em que me baseio é a Terapia Cognitivo Comportamental (TCC). A TCC, no contexto do autoconhecimento, ajuda as mulheres a desafiar padrões de pensamento negativos ou disfuncionais e a promover uma compreensão mais profunda de si mesmas de modo a facilitar mudanças positivas em seu comportamento e bem-estar emocional.

Segundo o autor e psicólogo Bernarrd Rangé, em relação à importância do autoconhecimento, relata:

> Mais que os fatos em si, a forma como o indivíduo os interpreta influencia a forma como ele se sente e se comporta em sua vida. Uma mesma situação produz reações distintas em diferentes pessoas, e uma mesma pessoa pode ter reações distintas a uma mesma situação em diferentes momentos de sua vida.[2]

As pessoas são diferentes e reagirão de forma única a determinadas situações, por isso precisamos de autoconhecimento, saber quem nós somos.

Durante este tempo de leitura, eu gostaria de simular com você um atendimento. Será como se estivéssemos sozinhas, você e eu no meu *setting* terapêutico. Quero conduzi-la no processo de autoconhecimento, para que você possa se amar mais e viver sua melhor versão. Lembre-se, porém, de que você precisará se confrontar, questionar e reavaliar atitudes e situações que viveu e ainda vive. Dói mudar de caminho, mas é necessário para que possamos continuar a jornada em direção ao nosso destino com suavidade.

É um desafio para que possamos nos atentar a pensamentos e comportamentos baseados em crenças limitantes e substituí-los por

---

[2] RANGÉ, B. et al. *Psicoterapias cognitivo-comportamentais*, p. 21.

pensamentos mais otimistas e realistas. Com esse exercício, aprendemos a lidar com as emoções intensas que vida oferece.

Vale lembrar que muitas pessoas não estão vivendo seus sonhos porque estão vivendo seus medos. Não tratam, escondem e não conseguem passar para o próximo nível da vida.

A SÍNDROME DO IMPOSTOR

Quando não nos conhecemos, quando não nos amamos como deveríamos e não vivemos um propósito, podemos facilmente viver o que a psicologia chama de síndrome do impostor. Sabe aquela sensação de descrença e desvalor em relação aos nossos próprios sucessos? Sentimo-nos indignas e incapazes, ainda que os outros nos reconheçam e elogiem.

Frases muito comuns na vida do impostor são: "Tive sorte", "Eu não mereço estar aqui", "Não sou tão inteligente quanto as pessoas pensam". Não são verdades, mas para quem se sabota, não somente são verdades, como leis. Segundo o autor Brennan Manning:

> O impostor é o codependente clássico. Para ser aceito e aprovado, o falso "eu" anula ou disfarça os sentimentos, tornando impossível a honestidade emocional. A sobrevivência do falso "eu" gera o desejo compulsivo de apresentar uma imagem de perfeição diante do público, de maneira que todos nos admirem e ninguém nos conheça. A vida do impostor se transforma numa montanha russa de júbilo e depressão.[3]

Um caso que surpreendeu muitas pessoas foi a vulnerabilidade da ex-primeira-dama dos Estados Unidos, Michelle Obama, em seu livro *Nossa luz interior,* ela comenta que luta contra a síndrome do impostor, pois sentia ser uma fraude; também sofria de sentimento de inferioridade ilusória e desacreditava de sua própria capacidade como mulher e profissional.[4]

---

[3] MANNING, Brennan. *O impostor que vive em mim*, p. 19.
[4] Disponível em: https://www.em.com.br/app/noticia/saude-e-bem-viver/2022/11/15/interna_bem_viver,1421298/michelle-obama-revela-sua-luta-contra-a-sindrome-da-impostora.shtml. Acesso em: 12 jan. 2023.

Quem sofre da síndrome do impostor se acha uma fraude e ainda teme que os outros a descubram. Essa síndrome pode levar a sentimentos de ansiedade e baixa autoestima. E, por mais que ainda não seja considerado um transtorno psicológico pela OMS, tem ganhado cada vez mais espaço nos estudos sobre saúde mental.

Nos atendimentos terapêuticos, vejo o impacto significativo que a síndrome pode ter na vida de uma mulher, impedindo-a de se amar e viver sua melhor versão. Normalmente resulta na falta de confiança em suas habilidades e conquistas, mesmo quando há evidências claras de sucesso. Essa percepção distorcida do eu pode levar à autossabotagem, ansiedade e dificuldade em aceitar elogios ou reconhecimento.

Para superar a síndrome do impostor, é importante reconhecer se você apresenta essas características e, então, confrontar a origem desses pensamentos negativos e distorcidos. Além disso, é necessário praticar a autocompaixão e cultivar a mentalidade de crescimento, como vimos nos capítulos anteriores, e entender que o aprendizado e o desenvolvimento são processos contínuos.

As Escrituras nos ensinam que o Senhor não nos vê de forma pejorativa. Muito pelo contrário, se há algum valor em nós, ele vem do Criador. Fomos criados de maneira única e especial, e podemos encontrar valor e propósito em quem somos. "Eu te louvo porque me fizeste de modo assombroso e admirável. As tuas obras são maravilhosas! Sei disso muito bem" (Salmos 139:14).

A síndrome do impostor é uma prisão, mas, pela graça de Deus, fomos libertos de tudo o que outrora nos mantinha cativos. Em sua obra *Esmagado*, o pastor T. D. Jakes escreveu: "Deus tira você daquilo que o prendia para que você seja trazido para os braços Daquele que o ama".[5]

Nós precisamos sair da prisão de não nos reconhecermos para podermos viver nos braços do Pai.

Esse sentimento de inadequação da síndrome do impostor pode levar à autossabotagem, em que a pessoa evita assumir desafios, procrastina ou subestima suas habilidades. Isso impede seu próprio crescimento e realização.

---

[5] JAKES, T. D. *Esmagado*, p. 238.

A identificação da síndrome do impostor em uma mulher pode ser feita por meio da observação de certos padrões de pensamento e comportamento. Alguns sinais de que uma mulher pode estar sofrendo dessa síndrome incluem:

1. Dificuldade em aceitar elogios; minimizar suas conquistas.
2. Sentimentos persistentes de inadequação, mesmo quando há evidências claras de sucesso.
3. Medo constante de ser descoberta como uma fraude.
4. Comparação constante com os outros e a sensação de que todos são mais competentes ou talentosos.
5. Autossabotagem, como evitar desafios ou procrastinar para evitar o risco de falha.
6. Dificuldade em internalizar o reconhecimento e em se sentir merecedora de suas realizações.

Então, faça a si mesma as seguintes perguntas e avalie se você tem vivido ou não essa síndrome. Essa avaliação é importante para que você possa se conhecer melhor e viver a versão da mulher na qual deseja se tornar.

☐ Sim ☐ Não Você se sente culpada quando alguém elogia seus feitos?
☐ Sim ☐ Não Você atribui o seu sucesso à sorte ou à circunstância?
☐ Sim ☐ Não Você se sente como se estivesse se enganando as pessoas?
☐ Sim ☐ Não Você tem medo de ser descoberta e de acharem suas falhas?
☐ Sim ☐ Não Você sente que os seus colegas desconfiam que você não é tão boa como eles pensam?

EU SEI QUEM SOU EM CRISTO

Nós sabemos que Deus é amor. Se quisermos refletir o caráter dele por onde formos, precisamos também ser esse exemplo de amor. Mas como poderíamos refletir o amor divino se somos incapazes de amar a nós mesmas?

Quero deixar bem claro que o amor-próprio a que me refiro não tem nada a ver com ser egoísta, arrogante e prepotente, até porque o verdadeiro amor-próprio é possível somente que amam a Deus acima de todas as coisas. Uma mulher que não ama a si mesma sofre muito, tanto pelas batalhas internas quanto pela forma como permite que os outros a tratem. Por isso, temos de aprender a nos amar do jeito certo.

O autoconhecimento também tem a ver com descobrir a sua identidade em Cristo. Tratei, anteriormente, da importância de receber nossa filiação e de assumir nossa herança como filhas de Deus. Espero que a este ponto você já reconheça de onde veio, pois esse conhecimento pode lhe dar forças na caminhada em direção aos propósitos do Senhor para a sua vida.

> Uma mulher que não ama a si mesma sofre muito, tanto pelas batalhas internas quanto pela forma como permite que os outros a tratem.

A Bíblia diz que os planos que Deus tem para nós são numerosos (leia Salmos 40:5). No entanto, muitas vezes não os vivemos porque não entendemos nossa filiação, não conhecemos esse lado nobre de nossa vida. Lembre-se de que você foi formada e moldada por Deus (leia Salmos 139:13-15).

Quando você sabe quem é, dificilmente o inimigo conseguirá envolvê-la por suas mentiras. Se a sua identidade está firmada em Cristo, não há espaço na sua vida para a síndrome do impostor. Por isso, entender e tomar posse da nossa filiação deve ser uma busca constante.

A escritora *best-seller* do The New York Times Brené Brown afirma:

> A ironia é que tentamos rejeitar nossas histórias difíceis para parecermos mais plenos ou mais aceitáveis, mas nossa plenitude depende, na verdade, da integração de todas as nossas experiências, inclusive as quedas.[6]

Às vezes, por termos caído ou passarmos por uma dificuldade, esquecemos de quem somos. Contudo, as nossas dificuldades ajudam a forjar nosso interior.

Uma coisa que sempre faço no meu trabalho de mentoria com mulheres é, no momento inicial, ajudá-las a resgatar sua identidade

---

[6] BROWN, Brené. *Mais forte do que nunca*, p. 54.

em Cristo. Acredito que esse seja um passo crucial para que possam se fortalecer mediante as batalhas e serem lapidadas. Assim, elas conseguem mostrar a si mesmas e ao mundo a versão da mulher que desejam ser.

Para isso, nada melhor do que consultar o manual do fabricante. Isto é o que a Bíblia diz sobre quem você é em Cristo:

> Bendito seja o Deus e Pai do nosso Senhor Jesus Cristo, que nos abençoou com todas as bênçãos espirituais nas regiões celestiais em Cristo. Porque Deus nos escolheu nele antes da criação do mundo, para sermos santos e sem culpa diante dele. Em amor nos predestinou para sermos adotados como filhos, por meio de Jesus Cristo, conforme o bom propósito da sua vontade, para o louvor da sua gloriosa graça, a qual nos deu graciosamente por meio do Amado.
>
> Nele temos a redenção por meio do seu sangue, o perdão das transgressões, de acordo com as riquezas da sua graça, a qual ele derramou sobre nós com toda a sabedoria e todo o entendimento. Ele nos fez conhecer o mistério da sua vontade, de acordo com o bom propósito que ele estabeleceu em Cristo, isto é, de fazer convergir em Cristo todas as coisas nos céus e na terra, na administração da plenitude dos tempos. Nele fomos também feitos herdeiros, tendo sido predestinados conforme o plano daquele que faz todas as coisas segundo o propósito da sua vontade, a fim de que nós, os que primeiro esperamos em Cristo, sejamos para o louvor da sua glória.
>
> Quando vocês ouviram a palavra da verdade, o evangelho da sua salvação, e creram nele, foram selados com o Espírito Santo da promessa, que é a garantia da nossa herança até a redenção daqueles que pertencem a Deus, para o louvor da sua glória (Efésios 1:3-14).

Portanto, quero que você se concentre em alguns aspectos que as Escrituras dizem sobre quem você é:

Você é abençoada

O dono de tudo, Todo-poderoso, Rei dos céus e da terra a abençoou (v. 3). Deus nos dá bênçãos incontáveis, inestimáveis. Em cada aspecto de nossa vida, podemos contemplar as bênçãos do Senhor. Por isso, tenha essa certeza em mente todas as vezes em que se sentir indigna de conquistas, sonhos e realizações.

Você é escolhida

O Senhor nos permite viver a obra dele aqui na terra, apesar dos nossos pecados. Certa vez ouvi uma irmã falar que Deus nos permitiu entrar no álbum de figurinhas preferido dele. O pastor Hernandes Dias Lopes explica desta forma: "Deus não nos escolheu por causa da nossa santidade, mas para sermos santos e irrepreensíveis".[7] Então, depois de entendermos que somos escolhidas, temos de buscar viver em santidade.

Você é filha

Deus a escolheu para ser da família celestial (v. 4,5). Ao se encontrar com Jesus e crer nele, você ganhou um novo *status*. No entanto, para além da adoção por intermédio de Cristo, você também foi criada à imagem e semelhança do Senhor, o que significa que compartilha o DNA de Deus.

Você é aceita

Pelo sacrifício de Jesus, fomos tirados da escravidão do pecado, que nos distanciava de Deus. Cristo nos trouxe para perto e nos recebeu de braços abertos, apesar de nossos defeitos. Portanto, você é aceita por Deus. Qualquer outra opinião é irrelevante quando se é aceito pelo Criador.

Você é livre

Você foi redimida. Liberta. O preço pelo pecado foi pago na cruz; seu débito, zerado. Você está livre do pecado (v. 7). O Acusador não tem mais nada para usar contra você, porque o preço do pecado foi consumado no Calvário. Segundo o escritor Tim LaHaye: "Deus nos deu liberdade para crer nele ou rejeitá-lo, de acordo com nossa vontade. A escolha é sempre deixada para nós".[8]

Sobre o perdão, o pastor Hernandes Dias Lopes comenta: "Não há qualquer acusação registrada contra nós, pois nossos pecados foram levados e deles jamais se lembra. O perdão é imerecido, imediato e

---

[7] LOPES, Hernandes Dias. *Bíblia pregação expositiva*, p. 1585.
[8] LAHAYE. Um homem chamado Jesus, p. 76.

completo". Então, viva livre do peso dos erros e se prepare para voar. O perdão concedido a você é completo.

Você é herdeira
Como filha do Rei, você é princesa. É herdeira dele (v. 11), coerdeira com Cristo. Herdaremos muito mais do que patrimônios, posses ou riquezas. Nesta terra, temos acesso a recursos limitados, todavia, na glória, para onde iremos quando Cristo retornar para nos buscar, teremos muito mais, um tesouro incorruptível e eterno.

Você é selada
O selo é a marca da propriedade de Deus sobre nós. É dizer que nada do que temos é nosso, mas de Cristo, e que pertencemos a Ele.

Quando sabemos quem somos, torna-se mais fácil amar a nós mesmas e viver conforme o propósito para o qual fomos criadas. A Bíblia afirma, em Efésios 2:10, que somos criação de Deus realizada em Cristo Jesus para realizar boas obras. Há um projeto que Ele deseja que executemos, mas, para isso, temos de começar esse projeto em nós.

Em viagens de avião, a comissária de bordo informa que, em caso de emergência, o passageiro deve colocar a máscara de oxigênio em si mesmo antes de ajudar o próximo. Se você não estiver bem, não conseguirá ajudar o outro. Da mesma forma acontece com relação ao amor. Se não recebemos o amor de Deus, não podemos retribuir o amor por Ele e pelos outros. Se não nos amarmos, não poderemos amar mais ninguém.

EU SOU UM REFLEXO DO QUE PENSO SOBRE MIM

Infelizmente, muitas vezes não sabemos quem somos. Ficamos presas às mentiras com as quais o mundo nos rotulou e deixamos de viver nossa melhor versão. Eu estou convencida de que cada uma de nós tem uma versão melhor para oferecer.

Veja o exemplo do povo de Israel na época da escravidão no Egito: quando os israelitas viviam como escravos, já tinham o Deus verdadeiro em sua vida. Não tinham, porém, identidade. Não sabiam que existia uma versão melhor deles que Deus queria revelar e moldar.

A questão é que quando não sabemos o que temos, mesmo que tenhamos grandes habilidades e dons, continuaremos vivendo como se eles não existissem. Quando não sabemos quem somos, continuamos sujeitos aos maus-tratos daqueles que se aproveitam da nossa ignorância e ingenuidade.

Um caso é o dos soldados de Saul ao enfrentarem Golias. Eles temiam o tamanho do homem e achavam que, mesmo com todas as armas de Israel, jamais poderiam derrotá-lo. Até que chegou Davi, o improvável, certo de sua identidade: "O SENHOR que me livrou das garras do leão e das garras do urso me livrará das mãos desse filisteu" (leia 1Samuel 17:37). Davi ressalta o poder de Deus como protetor dele, como quem vai à frente em todas as batalhas. Ele sabia quem o capacitava e estava ancorado no poder do Senhor.

> A questão é que quando não sabemos o que temos, mesmo que tenhamos grandes habilidades e dons, continuaremos vivendo como se eles não existissem.

O povo de Israel, por sua vez, preso como escravo no Egito, sentia-se incapaz de sair do aprisionamento e confrontar seu opressor. É isso que acontece quando a nossa identidade não está nítida para nós mesmas. Qualquer um pode escravizar quem já é perdedor na batalha da mente, quem não conhece a própria identidade.

A mulher que eu quero ser é uma mulher que não molda sua identidade pelos padrões do mundo (leia Romanos 12:2). Ela não tem uma identidade incerta, mas ela entende o que está escrito em Gálatas 3:26: "Todos vocês são filhos de Deus por meio da fé em Cristo Jesus".

Talvez o mundo tente defini-la com base no que você tem ou pelo seu exterior, mas quando entendemos a identidade que Deus nos deu, aprendemos que somos definidas por quem somos, não pelo que temos. Como escolhida de Deus e amada por Ele, a sua identidade vem de dentro para fora.

PRONTA PARA ATUALIZAR

É bem provável que você já tenha precisado atualizar um aplicativo ou dispositivo eletrônico para instalar a nova versão. Os sistemas operacionais tendem a solicitar atualizações periódicas para solucionar problemas, apresentar melhorias e oferecer inovações. Não atualizar um dispositivo ou aplicativo pode comprometer a segurança ou o bom funcionamento do aparelho.

Talvez você esteja pensando: "Márcia, e o que isso tem a ver comigo e com este livro?". Saiba que você e eu também precisamos, de tempos em tempos, de atualizações para viver a nossa melhor versão.

Tenho aprendido que, quando me conecto a Deus, posso apresentar uma versão melhor de mim ao mundo. Nos momentos em que me dedico a ler a Bíblia e a aprender mais sobre como devo conduzir a vida, aprimoro meu sistema de segurança contra as armadilhas do mundo. Quando paro tudo apenas para escutar o Espírito Santo de Deus, coloco-me à disposição para corrigir atitudes, palavras e comportamentos que vão de encontro com o propósito para o qual fui criada.

Um fator importante para mim no autoconhecimento é saber que não estou pronta, mas sigo para o alvo e continuo sendo moldada, lapidada pelo Ourives. Ainda não sou a versão final de quem quero ser, mas tenho certeza de que sou bem melhor do que era ontem. E, assim, continuamos passando por atualizações.

AUTORRESPONSABILIDADE

Agora me conta uma coisa: Você é aquele tipo de mulher que bate no peito e assume suas responsabilidades, admite seus erros e enfrenta as consequências de suas escolhas, então se esforça para se tornar uma pessoa melhor e mais assertiva? Se sim, parabéns. Você é uma exceção.

Estamos diante de uma geração cada vez menos autorresponsável. As pessoas culpam o chocolate pelo sobrepeso, o sofá quentinho pelo sedentarismo e o governo pela condição financeira.

Sim, se tudo é culpa do outro, eu não tenho culpa de nada. Se eu não tenho culpa de nada, não preciso me esforçar para evoluir. Pronto, tudo resolvido! Posso ficar aqui na minha zona de conforto, que, na verdade, não é nem um pouco confortável, mas engana.

O famoso escritor Hal Elrod afirmou: "O momento em que você aceita total responsabilidade por tudo em sua vida é o momento em que você reivindica o poder para mudar qualquer coisa em sua vida. Precisamos entender que, sim, somos nós os responsáveis pelos resultados que estamos colhendo. Sejam bons ou não tão agradáveis".[9]

---

[9] Elrod, Hal, *O milagre da manhã*, p. 114.

Apesar desta geração se destacar no que diz respeito à falta de assertividade, esse é um problema muito antigo. Relembre o que nos revelam as Escrituras lá no princípio:

> Ora, a serpente era o mais astuto de todos os animais selvagens que o Senhor Deus tinha feito. Esta perguntou à mulher:
> — Foi isto mesmo que Deus disse: "Não comam de nenhum fruto das árvores do jardim"?
> A mulher respondeu à serpente:
> — Podemos comer do fruto das árvores do jardim, mas Deus disse: "Não comam do fruto da árvore que está no meio do jardim nem toquem nele; do contrário, vocês morrerão".
> A serpente disse à mulher:
> — Certamente não morrerão! É que Deus sabe que, no dia em que comerem dele, os seus olhos se abrirão, e vocês serão como Deus, conhecedores do bem e do mal.
> Quando a mulher viu que a árvore era boa para alimento, atraente aos olhos e desejável para dela se obter sabedoria, tomou do seu fruto e o comeu; também o deu ao seu marido, que estava com ela, e ele o comeu. Então, os olhos dos dois se abriram, e perceberam que estavam nus. Por isso, entrelaçaram folhas de figueira e fizeram algo para cobrir-se.
> Quando o homem e a sua mulher ouviram o som do Senhor Deus, que caminhava pelo jardim ao sopro do vento do dia, esconderam-se da presença do Senhor Deus entre as árvores do jardim. O Senhor Deus, porém, chamou o homem e perguntou:
> — Onde você está?
> Ele respondeu:
> — Eu te ouvi no jardim e fiquei com medo porque estava nu; por isso, me escondi.
> Deus perguntou:
> — Quem contou a você que estava nu? Você comeu da árvore da qual ordenei a você que não comesse?
> O homem disse:
> — Foi a mulher que me deste para estar comigo que me deu do fruto da árvore, e eu comi.
> Então, o Senhor Deus perguntou à mulher:

— O que foi que você fez?
A mulher respondeu:
— A serpente me enganou, e eu comi.

(Gênesis 3:1-13)

Deus confronta Adão por um erro e sua brilhante defesa é: "Foi a mulher que me deste". É como se dissesse: "A culpa é tua, Senhor, por ter me dado esta mulher" ou "É culpa dela; eu somente aceitei". No entanto, ele deveria ter dito: "Eu errei. Pequei contra ti e desobedeci à tua ordem. Eu sabia que comer aquilo estava proibido, mas, ainda assim, não me posicionei".

Temos facilidade para perceber o erro de Adão e Eva, mas raramente notamos que também somos assim. Em tantas circunstâncias, fechamos nossos olhos e não reconhecemos o nosso erro. Culpamos as situações, outras pessoas e até mesmo a Deus.

A "síndrome de Adão" tem assolado cada vez mais nossa sociedade. As pessoas não querem assumir sua responsabilidade, tampouco a consequência de seus erros, e preferem culpar os outros. Além do orgulho, culpam os outros porque, então, não precisarão mudar nem confrontar a si mesmas. Quanto mais procurarmos por culpados para justificar nosso erro, mais erraremos.

Em diversos momentos, as Escrituras nos orientam sobre as consequências. As nossas ações são sementes, e nada podemos colher senão o que plantamos. Está escrito em 1Coríntios 3:8: "O que planta e o que rega têm um só propósito, e cada um será recompensado de acordo com o seu próprio trabalho". Em outra passagem, lemos: "Os pais não serão mortos no lugar dos filhos nem os filhos no lugar dos pais; cada um morrerá pelo seu próprio pecado" (Deuteronômio 24:16).

Portanto, precisamos nos pautar nos princípios bíblicos e ser intencionais quanto ao que plantamos, pois certamente colheremos esses frutos. Nós precisamos assumir nossas responsabilidades, reconhecer que, sim, erramos, somos falhas e imperfeitas, mas que, pela ação do Espírito de Deus em nós, renunciamos à nossa natureza pecaminosa e entregamo-nos diariamente ao Ourives, para que continue em nós o processo de lapidação, até que estejamos livres de qualquer impureza ou imperfeição.

Há mulheres que sofreram tanto na vida que, por culparem os outros, são incapazes de procurar a felicidade, de buscar seus sonhos. Acusam os outros e afirmam que a vida foi dura com elas e, presas a essa realidade, nunca conseguem ser realmente felizes. Elas deixam a vida passar.

Amada, a vida é muito curta para você deixá-la passar. Olhe para si mesma, para suas ações e conduta e analise o que pode estar a impedindo de prosseguir. Assuma o que você tem feito para boicotar a si mesma, o que a tem paralisado. Saia da zona de conforto e resolva o que somente você pode resolver. Assim, você poderá ser transformada na sua melhor versão.

Um dos grandes exemplos bíblicos de uma pessoa autorresponsável é José do Egito, de quem já falamos na parte anterior. Sabemos que ele foi traído, vendido como escravo pelos irmãos, completamente injustiçado. Ainda assim, em nenhum momento, colocou a culpa nos outros.

É interessante como ele sempre foi muito bem resolvido quanto à sua identidade e propósito, e não se desviava deles. Acredito que o exemplo de José seja a melhor forma de encerrar este capítulo. Ele perdeu liberdade, status social, filiação e sua própria família. Contudo, jamais perdeu a fidelidade, capacidade de sonhar, confiança em Deus e coragem de seguir em frente.

Inspire-se nele sempre que pensar em desistir. Sempre que quiser culpar as circunstâncias ou as outras pessoas pelos acontecimentos na sua vida. Portanto, se esforce para conhecer a si mesma e confrontar tudo o que a tem impedido de desfrutar plenamente dos planos do Senhor para você.

Colocando em prática

Seguindo os ensinamentos deste capítulo, o que você pode colocar em prática em sua vida de forma rápida?

O que Deus falou com você ao ler essas páginas?

Versículo de lapidação

Tu criaste o íntimo do meu ser e me teceste no ventre de minha mãe. Eu te louvo porque me fizeste de modo especial e admirável (Salmos 139:13-15).

Vamos orar?

Pai, ajuda-me a me conhecer cada vez mais, para que eu pare de me sabotar, reconheça minha essência e espalhá-la aonde eu for. Auxilia-me em meus desafios de identidade e fortalece-me na minha jornada. Que eu reconheça meus erros e acertos, para corrigir minha rota e seguir para meu destino profético.

Escrita terapêutica

Anote seus pensamentos, desejos e questionamentos acerca do capítulo e entregue suas palavras diante de Deus em oração.

◆ CAPÍTULO 10 ◆

EU NÃO ME COMPARO

Um dos dilemas que vivemos quando não nos amamos nem entendemos quem somos é a comparação. De acordo com a *Revista Brasileira de Psicodrama*, a inveja é "um tipo de dor psicológica sentida quando, ao nos compararmos a outras pessoas, avaliamos que nosso valor, nossa autoestima e nosso autorrespeito estão diminuídos".[1] Quando focamos tanto na vida dos outros, nossos pensamentos são contaminados, bem como a nossa perspectiva de nós mesmas.

Paulo aconselha, em Gálatas 6:4,5: "Cada um examine os próprios atos e, então, poderá ter orgulho de si mesmo, sem se comparar com ninguém, pois cada um deverá levar a própria carga". No entanto, muitas vezes passamos mais tempo nos comparando com os outros do que examinando e conhecendo a nós mesmas.

A comparação pode ser um veneno para a sua alma. Ela pode fazer você se tornar uma pessoa sem identidade própria. Muitas das pessoas que têm essa tendência se tornam indivíduos de personalidade fraca, porque são influenciadas por diversas referências.

Temos de tomar cuidado para não enaltecer a vida alheia nem colocar outras pessoas em um pedestal. Não podemos nos diminuir por causa do outro. O sucesso de alguém não diminui o seu.

---

[1] Disponível em: http://pepsic.bvsalud.org/scielo.php?script=sci_arttext&pid=S0104-53932011000100002#:~:text=Inveja%20%C3%A9%20um%20tipo%20de,e%20nosso%20autorrespeito%20est%C3%A3o%20diminu%C3%ADdos.&text=Inveja%20%C3%A9%20a%20dolorosa%20observa%C3%A7%C3%A3o%20daquilo%20que%20nos%20falta.&text=Sentimos%20inveja%20quando%20outra%20pessoa%20tem%20caracter%C3%ADsticas%20superiores%20%C3%A0s%20nossas. Acesso em 10 abril 2024.

Lembre-se, então, de que o seu valor não está naquilo que pensam sobre você, e sim no que você sabe que é.

VOCÊ É ÚNICA

O perigo é que normalmente nós temos a tendência de focar na qualidade dos outros e comparar a qualidade deles com as nossas fraquezas. Incoerente, não é?

> O fundo do poço é o lugar mais visitado do mundo, mas ninguém tira selfie nele.

Certa vez ouvi alguém comentar que o fundo do poço é o lugar mais visitado do mundo, mas ninguém tira selfie nele. E isso me ensinou muito, pois vivemos comparando nossa vida com a fantasia que os outros mostram e isso não é justo.

O que precisamos não é somente saber como também sentir que cada uma de nós é única. Todas temos habilidades distintas criadas por Deus.

Somos *únicas*. Cada uma com seu DNA próprio e com um propósito exclusivo. Algumas serão ótimas mães; outras, mulheres de oração. Há aquelas que se dedicarão à carreira, executivas, empresárias, enquanto outras optarão por tomar conta da casa e dos filhos; algumas, ainda, conciliarão ambos os papéis. De qualquer modo, está tudo bem.

Cada escolha que fizermos nos dará vantagens no papel que optamos por exercer e, ao mesmo tempo, nos tirará a experiência e vivência dos demais papéis. Isso não nos faz menores ou maiores do que mulheres cujo propósito e missão são outros. Apenas diferentes.

TOME CUIDADO COM A INFLUÊNCIA DO MUNDO

Um dos fatores que estimula a comparação é o tempo excessivo nas redes sociais, bem como as indústrias cinematográfica e televisiva. Segundo o levantamento da *Electronics Hub*, os brasileiros passam aproximadamente 56,6% do tempo usando um computador ou celular. Além disso, a pesquisa constatou que, das nove horas em que o brasileiro está conectado a uma tela, quatro ele passa em redes sociais.[2]

---

[2] TEIXEIRA, Eduarda. Brasil é o 2º país com maior tempo de tela. *Poder 360*. Disponível em: <https://www.poder360.com.br/tecnologia/brasil-e-o-2o-pais-com-maior-tempo-de-tela-diz-pesquisa/>. Acesso em 15 de nov. 2023

Artistas, influenciadoras, cantoras e até mesmo algumas amigas podem começar a moldar nosso pensamento e estilo de vida. Queremos a receita que fulana mostrou no perfil dela, o sapato que beltrana estava usando na postagem, e assim somos influenciadas e começamos a nos comparar a outras mulheres.

Sofri muito com comparações. Lembro-me do quanto me comparava a pregadoras mais experientes e pensava que eu nunca teria capacidade de falar para tantas pessoas. Eu olhava para elas, tão confiantes e ousadas, mas não conseguia me imaginar com a mesma confiança e ousadia. Ainda que Deus já me incomodasse a me levantar e pregar a Palavra, minha crença limitante e o efeito comparador eram como uma âncora me puxando para baixo e me impedindo de viver o propósito para o qual Deus havia me chamado.

> Não preciso ser melhor do que outra mulher ou igual a ela, apenas melhor do que a mulher que eu era ontem.

Hoje, prego em conferências no Brasil e em outros países para milhares de mulheres. Mesmo sentindo sempre um frio na barriga pela responsabilidade de falar das coisas de Deus, atualmente tenho muito mais tranquilidade ao fazê-lo. Isso somente é possível porque entendi o meu propósito e me dedico ao que Deus me chamou para fazer. Continuo admirando e me inspirando em outras pregadoras, porém sei que somos pessoas diferentes, em estações diferentes da vida.

Evito me comparar e entendo que sou única. Nem melhor, nem pior, apenas eu. Isso foi imprescindível para eu poder viver a melhor versão de mim mesma. Agora sei que não preciso ser melhor do que outra mulher ou igual a ela, apenas melhor do que a mulher que eu era ontem. Esse é meu lema de vida, um dia de cada vez.

O ERRO DE BUSCAR A PERFEIÇÃO

A necessidade de buscar perfeição faz que nos cobremos tanto que a carga se torna mais pesada do que podemos carregar. Muitas mulheres estão nos papéis de mãe, dona de casa, esposa, funcionária ou empresária, amiga, filha, cunhada, nora, além dos serviços à igreja e ainda assim se cobram pelas funções desempenhadas, sentem que não fazem o suficiente e exigem demais de si mesmas. Surge, então, uma indescritível frustração.

Precisamos nos lembrar que o único que consegue ser perfeito é Deus. Nós estamos em construção e devemos, sim, melhorar a cada dia e caminhar em busca de uma vida agradável a Deus. Contudo, cobrar de nós mesmas a perfeição nas mil tarefas que temos é extremamente prejudicial e improdutivo.

Tenho levado o ditado "Feito é melhor do que o perfeito" para a minha vida. Continuo tentando fazer o meu melhor nas minhas muitas tarefas, porque, como cristã, a excelência e a intencionalidade devem ser princípios de vida. Entretanto, deixei para trás aquela fase de me cobrar em excesso. Sei que, em muitos momentos, vou precisar abrir o meu coração para Deus e dizer que não estou conseguindo, porque, em certas situações, somente Ele pode restaurar as minhas energias para que eu possa prosseguir.

O pastor T. D Jakes aconselha: "Deixe de se preocupar com a perfeição, e comece a se preocupar com o perdão. Não precisamos ser perfeitos — precisamos ser perdoados. O perdão de Deus transforma os seus defeitos em qualidades".[3] Sinto que muitas vezes procuramos a perfeição por medo de cair, de errar, mas saber que temos um Pai amoroso nos mostra que, apesar de frágeis e falhas, Ele pode nos perdoar e nos ajudar a ser melhores.

UMA ETERNA CONSTRUÇÃO

Precisamos ter a convicção de que temos defeitos e limitações, porém que, mesmo assim, podemos melhorar. Afinal, estamos em eterna construção. Se tivermos convicção disso, vamos parar de achar que a grama do vizinho é sempre mais verde.

Desde que eu e meu esposo começamos a postar vídeos falando sobre relacionamento no YouTube, muita gente assiste e pensa que não temos dificuldades ou que somos perfeitos. É claro que a realidade não é bem assim. Temos dificuldades, como todos os casais. No entanto, temos nos dedicado ao nosso casamento, buscado a Deus e

---

[3] JAKES, T. D. *God's Leading Lady*. Shippensburg: Destiny Image Publishers, 1999, p. 66.

estudado sobre o assunto, porque sabemos que o nosso casamento, bem como nossa vida, é uma eterna construção.

Parte importante da construção é o amor, recebê-lo de Deus e amá-lo em resposta é o fundamento. O amor-próprio funciona como as paredes estruturais. Sem o suporte, todo o resto desmorona, estremece.

Por muito tempo, vi a mim mesma como a mulher tímida que, quando abrisse a boca, certamente falaria alguma bobagem. Eu me achava incapaz, menos inteligente e me via como mais gorda e feia do que as outras meninas. Todavia, tudo mudou quando eu parei de ter os outros como meu parâmetro e comecei a me amar.

Percebi que Deus não me via da forma horrível como eu me enxergava e que eu sou a filha amada dele, com dons e habilidades que Ele me deu. Fui criada por Deus e, portanto, sou perfeita aos olhos do Pai. Assim, quebrei as barreiras que me impediam de ser quem sou hoje e quem ainda vou ser, porque não parei por aqui.

Deus quer mais de mim. Ele quer me mandar para ainda mais longe. Quer que eu alcance lugares que jamais imaginei alcançar. E apenas consegui dar tantos passos e ter mais clareza e firmeza em quem eu sou por começar a me amar da maneira correta.

Uma das coisas que me ajudou muito foi usar uma ferramenta chamada "Pílula RAC". Em certas fases da vida precisamos tomá-la três vezes ao dia; em outras épocas passamos semanas sem usá-la. Entretanto, conhecê-la e tê-la sempre em mãos nos ajuda a construir a mulher em quem desejamos nos tornar.

Sempre que você pensar que não está fazendo algo bem, tome esta pílula:

> **R**econheça que este incômodo/situação existe.
> **A**ceite.
> **C**ompadeça-se de si mesma e pare de se cobrar.

O primeiro passo é *reconhecer*. Sim, aquela situação ocorreu e não adianta chorar sobre o leite derramado. Depois, precisamos *aceitar*, lembrar que não somos perfeitas em tudo, aceitar o que estamos enfrentando e entender é um aprendizado e vai nos ajudar a não ficar presas à dor da comparação.

Por fim, precisamos ter *compaixão de nós mesmas*. Com frequência, temos facilidade para perdoar os outros e tratá-los com bondade e empatia, mas não oferecemos a nós mesmas a mesma misericórdia, graça e bondade. Proferimos palavras duras e cultivamos pensamentos autodestrutivos. Contudo, temos de refletir a nós mesmas o mesmo amor gracioso e misericordioso que Jesus demonstrou pela humanidade na cruz.

INSPIRAÇÕES X COMPARAÇÕES

É importante ter pessoas que admiramos como exemplo e ser inspiradas por elas, seja no casamento, na vida profissional ou no aspecto ministerial. É saudável ter exemplos e referências daqueles que são bem-sucedidos no que se propõem a fazer.

As pessoas sempre têm características, habilidades ou ensinamentos que podem acrescentar à nossa vida e contribuir para o nosso processo de transformação e crescimento.

Ler livros que nos inspiram, ir a palestras, fazer cursos e até participar de mentorias ou grupos mais exclusivos com essas mulheres vai nos ajudar a ser ainda melhores. Na nossa caminhada, acompanhar — virtual ou fisicamente — mulheres cuja vida está centrada em Cristo é essencial.

Certa vez ouvi do amado pastor Carlito Paes, um amigo e mentor querido, que recebemos a unção que honramos, e isso é uma máxima que levei para minha vida. Olho uma mulher bem-sucedida em alguma área da vida e abençoou ela, honro sua vida e assim me habilito a viver o que ela está vivendo.

Querida, temos de buscar mais inspiração e menos comparação. E uma forma de não nos comparar é otimizar o tempo e dedicar-nos a cuidar de nós mesmas, e é sobre esse cuidado tão importante que iremos tratar no próximo capítulo. Lembre-se: quem ama cuida, temos de cuidar de nós mesmas como demonstração do amor-próprio.

Colocando em prática

Seguindo os ensinamentos deste capítulo, o que você pode colocar em prática em sua vida de forma rápida?

O que Deus falou com você ao ler essas páginas?

Versículo de lapidação

Cada um examine os próprios atos e,
então, poderá ter orgulho de si mesmo,
sem se comparar com ninguém, pois
cada um deverá carregar a própria carga
(Gálatas 6:4-5).

Vamos orar?

Paizinho, ajuda-me a não me comparar com outras pessoas. Que Jesus Cristo seja meu alvo e todos os dias eu seja mais parecida com meu Salvador. Oro para que as pessoas reparem no meu olhar o brilho do teu amor. É o que eu te peço e já te agradeço. Amém!

Escrita terapêutica

Anote seus pensamentos, desejos e questionamentos acerca do capítulo e entregue suas palavras diante de Deus em oração.

• C A P Í T U L O 1 1 •

EU ME CUIDO

Quantas mulheres você conhece que cuidam da igreja, do marido, dos filhos, do trabalho, da casa, dos familiares e amigos, mas esquecem de si mesmas? Talvez esse seja até mesmo o seu perfil ou o de amigas próximas. O jeito cuidador das mulheres faz que elas instintivamente desejem cuidar dos outros. Contudo, se nos esquecemos de cuidar de nós mesmas, estamos negligenciando o amor-próprio.

Mais adiante, a falta de autocuidado pode gerar problemas emocionais, espirituais e físicos. O nosso corpo, mente e alma sofrerão as consequências da negligência, do desvalor a que nos submetemos.

Talvez, no passado, você tivesse o costume de cuidar de seu corpo, cabelo e sua pele. Todavia, com o passar do tempo, esqueceu-se desse cuidado, de nutrir o amor-próprio e valorizar a si mesma. A Bíblia nos instrui a cuidar de nosso corpo como habitação do Espírito de Deus: "Acaso não sabem que o corpo de vocês é templo do Espírito Santo, que está em vocês, o qual receberam de Deus? Vocês não são de vocês mesmos" (1Coríntios 6:19).

Direcionamos nosso tempo e atenção a diferentes demandas, mas não temos cuidado do nosso corpo, que é templo do Espírito Santo. Uma pergunta que deveríamos fazer todos os dias é: o que posso fazer por mim mesma hoje?

MEU CORPO, MEU CUIDADO

O sonho de consumo de muitas pessoas é construir a casa própria, aquele espaço confortável e personalizado — com ambientes planejados e materiais de qualidade. Não sei se você já parou para pensar nisto, mas ao selecionar os materiais para a construção ou reforma, você acredita que o proprietário opta pelos itens de menor custo, com qualidade inferior, ou escolhe os mais duráveis e de melhor acabamento? Eu não possuo uma casa luxuosa, uma mansão, mas tenho convicção de que, para investir na valorização do imóvel e garantir sua estrutura e beleza por mais tempo, o dono de uma residência dos sonhos não poupará despesas para adquirir materiais mais baratos. Pelo contrário, ele sempre dedicará parte de seus esforços financeiros para a manutenção e escolha adequada à sua propriedade.

Talvez você questione o que tudo isso tem a ver com o autocuidado e o amor-próprio. Quero, por meio da analogia, lembrá-la que o seu corpo vale muito mais do que os milhões de reais que qualquer mansão. No entanto, para cuidar de nosso corpo, de nossa mente e de nossa alma, não nos dedicamos da mesma maneira, mesmo sendo infinitamente mais valiosas do que um bem material.

Não me refiro somente ao aspecto financeiro aqui. Investir em nós mesmas não necessariamente diz respeito a consumir coisas caras, mas a cuidar de nossa saúde física, emocional e espiritual. Temos de cuidar do que nos alimentamos, em todos os sentidos, sem nos entregar ao GAS.

LIVRE-SE DO GAS

O GAS é nos persegue e tem nos envenenado pouco a pouco. Mesmo não querendo entrar na área nutricional, quero lembrá-la de ficar sempre atenta à alimentação. Notei que na minha luta por uma vida saudável o GAS estava sempre envolvido. Você já deve ter notado que gosto de acrósticos, não é? É uma forma didática de fixarmos um aprendizado. Tenho certeza de que você não se esquecerá. GAS quer dizer:

Gordura
Açúcar
Sal

Pare e pense: tudo o que engorda ou prejudica o nosso corpo tem GAS. A gordura em excesso pode levar à obesidade e aumenta o risco de doenças cardíacas. O açúcar, principalmente o refinado, pode contribuir para o desenvolvimento de diabetes e problemas dentários. O sal em excesso pode levar à pressão alta e aumenta o risco de doenças cardiovasculares. É importante manter o equilíbrio na alimentação para proteger o nosso corpo.

ACADEMIA, MINHA AMIGA

Eu preciso confessar algo para você: nunca fiz amizade com a tal da academia. A ideia de pagar para suar nunca me atraiu. Por causa dessa dificuldade, tenho procurado outras formas de fazer exercícios para cuidar do meu corpo.

Um dia, na célula de que participo, um pequeno grupo de casais que se reúne na minha casa, recebi um casal em que o marido era *personal trainer*. Você percebeu o quanto a academia quer ter amizade comigo? Foi até minha casa. Ele, muito simpático e atencioso, me convidou para ir a uma aula teste. Para não ficar uma situação chata, aceitei o convite.

Ele marcou para a manhã seguinte. Confesso que o meu desejo era de que houvesse uma greve de ônibus na cidade, alguma grande chuva ou qualquer coisa que me livrasse daquele compromisso. Contudo, logo cedo o porteiro anunciou a chegada do *personal*.

Sem ter como fugir, fui à academia. Foi uma experiência interessante. Em determinado momento, eu estava fazendo três séries de levantamento de peso e pensei em desistir. Falei para ele: "Não vai dar. Vou parar". Ele veio até mim e disse coisas como: "Não desista, você consegue!", "Estou do seu lado", "Eu apoio você".

Continuei a série e fiquei satisfeita por ter vencido aquela etapa. Entendi, então, que nas coisas em que eu era fraca, ele era forte. No que eu ainda tinha dificuldade, ele já havia vencido. Ter esse apoio em algo que eu não conseguia vencer sozinha foi fundamental na minha jornada, não somente na academia, mas em tudo.

Esse exemplo serve para um *personal trainer*, para uma nutricionista nos ajudando a melhorar nosso cardápio ou para uma psicóloga que nos guia a lidar com os desafios emocionais na terapia. Você nunca vai conseguir explorar o seu total potencial sozinha.

Então, para cuidar do nosso corpo em todos os aspectos, precisamos começar um plano de atividades físicas. Não precisamos necessariamente frequentar a academia, podemos começar com uma caminhada matinal, escolher escada em vez do elevador ou andar de bicicleta. Você não pode, porém, ficar parada.

MINHA MÉDICA, MINHA VIDA

As mulheres têm, em geral, mais facilidade para ir ao médico do que os homens. Todavia, muitas se restringem apenas ao preventivo com a ginecologista e se esquecem de outros exames e médicos necessários para cuidar do corpo.

A ciência é um presente de Deus. Ele capacita os médicos para trazerem soluções que visam uma vida mais longa e mais saudável. Por isso, um acompanhamento com o ginecologista é, sim, imprescindível, mas também precisamos ter por hábito realizar os exames de rotina e consultar médicos de outras especialidades para saber em que podemos e precisamos melhorar.

QUAL É A SUA PLACA?

Nós sabemos que a beleza não tem apenas a ver com a aparência física, mas também com o que vem do interior e é transmitido para outras pessoas. Talvez você já tenha encontrado uma mulher extremamente bonita, cabelo, rosto e corpo perfeitos, mas que não é querida.

Devemos, sim, fazer as pazes com o espelho, viver bem com a nossa aparência e amar o que vemos. No entanto, para Deus, mais importante do que o nosso exterior é o nosso interior, pois está escrito: "O SENHOR, contudo, disse a Samuel: [...] O SENHOR não vê como o homem: o homem vê a aparência, mas o SENHOR vê o coração" (1Samuel 16:7).

> O que se vê por fora diz muito a respeito do que tem por dentro.

Muitas mulheres estão insatisfeitas porque têm buscado a beleza que o mundo dita e fugido dos planos de Deus. Como habitação do Espírito Santo, temos que cuidar tanto do exterior quanto do interior. A forma como nos vestimos e nos comportamos também faz parte da casa do Espírito Santo. O que se vê por fora diz muito a respeito do que tem por dentro.

Se a beleza de alguém está somente em seu exterior, há algo de errado a ser tratado e consertado. Se, porém, uma pessoa tem um interior agradável e belo, isso irá se refletir no exterior por meio do autocuidado, do sorriso, do brilho que vem do Espírito.

Vou trazer outra ilustração. Quando você passa por um restaurante, sabe que lá dentro há mesas, cadeiras, comidas e garçons. A placa do lado de fora nos dá essa imagem. A mesma coisa acontece com a placa de uma igreja; sabemos que há um culto ou uma missa, um pastor ou um padre, oração e música.

Assim também é conosco. Do que adianta dizermos que somos templo do Espírito Santo se do lado de fora há uma placa escrita "MUNDANO"? Quando as pessoas ouvem você falando, o discurso reflete algo que vem do Espírito Santo ou do mundo? Quando a veem, elas veem uma pessoa que reflete as ações e o caráter de Cristo? Tome cuidado com o seu exterior, essa é, também, uma forma de você se amar e honrar a Deus.

CUIDANDO DA AUTOESTIMA

A autoestima não vem com um botão de ligar e desligar. É muito importante diferenciarmos a autoestima do amor-próprio, pois até mesmo quem não se ama pode ter autoestima elevada. Ela é, em muitos casos, uma forma de autodefesa para pessoas carentes.

O verdadeiro amor-próprio é incondicional e resiste as adversidades. Quando o amor-próprio não está consolidado, a pessoa se ataca e estremece diante de erros e situações difíceis. Ela começa a se ver como um fracasso, um desastre, alguém que não consegue ser bem-sucedida. A autoestima, então, desfalece.

Uma mulher com baixa autoestima tende a acreditar que não consegue alcançar grandes coisas porque não consegue superar as dificuldades.

Para o psicólogo e escritor Nathaniel Branden, uma das maiores autoridades no assunto, a autoestima "é um tipo de amor: a capacidade de se amar, mesmo com os próprios defeitos e imperfeições".[1]

---

[1] BRANDEN, N. *Autoestima e os seus seis pilares*, p. 3.

Uma boa autoestima pode ajudar a mulher cristã a ter confiança em sua identidade em Cristo e a se sentir capacitada para cumprir seu propósito. Por outro lado, a baixa autoestima pode atrapalhar a fé, os relacionamentos e a capacidade de servir a Deus plenamente. É essencial buscar uma visão equilibrada de si mesma, baseada na Palavra de Deus e em seu amor incondicional por nós.

David Seamands escreveu:

> Muitos cristãos [...] encontram-se derrotados pela maior arma psicológica que Satanás usa contra eles. Essa arma tem a eficácia de um míssil mortal. Seu nome? Baixa autoestima. Essa arma de Satanás provoca um sentimento visceral de inferioridade, inadequação e insignificância. Tal sentimento agrilhoa muitos cristãos, a despeito das maravilhosas experiências espirituais e do conhecimento da Palavra de Deus. Apesar de entenderem sua posição como filhos e filhas de Deus, estão atados, presos por um terrível sentimento de inferioridade e acorrentados a uma profunda sensação de indignidade.[2]

Deus a criou como uma obra-prima, por isso, aprenda a se ver como Ele lhe vê, com olhos de amor. Ele viu em você alguém por quem valia a pena realizar grandiosos atos de amor. Por isso, não se menospreze, pois, ao fazê-lo, está menosprezando uma maravilhosa obra do maravilhoso Deus, que jamais erra. Você é a amada dele.

Várias coisas podem levar uma mulher a ter baixa autoestima, como experiências traumáticas, comparação com os padrões de beleza impostos pela sociedade, críticas constantes vindas de pessoas amadas, falta de apoio emocional, pressão social e cultural, dentre outros fatores. Aqui estão algumas chaves que podem ajudá-la a potencializar sua autoestima:

- ✓ *Não se compare*. A comparação leva ao desvalor, à frustração e à inveja. Ou, em outros casos, ao orgulho e à autossuficiência.
- ✓ *Lembre-se que ninguém é perfeito*. Assim como você não é perfeita, as pessoas a quem você segue nas redes sociais também não são. Todas nós estamos em construção.

---

[2] SEAMANDS, David. *Healing for Damaged Emotions*, p. 49.

- ✓ *Conheça a si mesma.* Você é filha do Deus todo-poderoso. Por isso, precisa saber quem é para não cair nas armadilhas do Inimigo.
- ✓ *Seja autoconfiante.* Confie em si mesma, mas, além da autoconfiança, busque a confiança que vem do alto, de Deus.
- ✓ *Não espere que tudo aconteça do dia para a noite.* Não se cobre tanto. Você não merece viver com tanto peso. A transformação será gradativa.
- ✓ *Ame-se.* Como temos aprendido, o amor-próprio é um passo indispensável para vivermos aquilo para que fomos criadas, por isso, aplique os passos que vimos até agora e veja a transformação na sua vida!

MINHA MELHOR AMIGA

Você e eu temos uma melhor amiga em comum. Infelizmente, muitas vezes travamos batalhas contra ela. A Minha Melhor Amiga pode me levar para lugares altos e me fazer desfrutar das melhores coisas da vida; ou me enterrar na mais profunda tristeza, deixando-me inerte, sem conseguir dar um passo. A minha, e sua, melhor amiga é a mente.

Conversamos com ela e passamos o dia inteiro juntas. Nela moram os nossos pensamentos, sonhos e planos. Ela gera as palavras que proferimos e as nossas ações. A grande questão é que as ações se tornam hábitos. Os hábitos moldam o nosso caráter. "O caráter define o nosso destino." Você percebe a importância disso? Quem primeiro disse essa frase foi o filósofo Heráclito de Éfeso (c. de 500 a.C. a 450 a.C.), e ela foi referida no filme "A Dama de Ferro", na cena em que Margaret Thatcher a cita para seu pai, Alfred Roberts. Há muitos anos, Darrell tem esse conceito anotado, para que sempre se lembre de conversar as coisas certas com sua mente. Eu também aprendi isso e levei para a minha vida.

Precisamos, todos os dias, cuidar da nossa mente. Como você sabe, eu sou psicóloga. Todo psicólogo precisa fazer terapia e cuidar da mente, porque é impossível cuidar dos outros se não estou sendo cuidada.

Quando penso nisso, Deus me traz à memória a história de Neemias, uma das narrativas bíblicas que mais me inspira. Você deve se lembrar que, antes de se preocupar com o inimigo, Neemias reconstruiu o muro e fechou as brechas (leia Neemias 4:6-9). Primeiro, cuidou de casa para depois se preocupar com o que estava acontecendo fora.

Muitas vezes nos esquecemos de reconstruir o nosso muro, reparar o que foi quebrado, fechar as brechas. Deus nos chama para reconstruir as muralhas e zelar pelo nosso interior por meio do amor-próprio, do autocuidado.

O Inimigo muitas vezes vai tentar nos distrair e nos tirar do processo de lapidação, porque ele não quer que os muros sejam reconstruídos, pois assim estamos vulneráveis ao ataque. Portanto, precisamos nos voltar para a Bíblia e aprender com aqueles que foram bem-sucedidos, como Neemias. Temos de cuidar da nossa mente para que não sejamos atacadas.

PASSADO, PRESENTE E FUTURO

Em Eclesiastes 3:1, está escrito: "Para tudo há uma ocasião certa; há um tempo certo para cada propósito debaixo do céu". No entanto, poucos conseguem se apegar a essa verdade bíblica. Tantas pessoas sofrem pelo passado, amedrontam-se com o futuro e deixam de viver o presente. Segundo Joyce Meyer, "é um privilégio de cada crente recusar preocupar-se ou ter ansiedade. Como crentes, podemos entrar em descanso de Deus".[3]

Por causa de muitos fatores espirituais, mentais, físicos e emocionais, algumas pessoas não conseguem viver o presente e estão presas ao passado ou focadas no futuro. Talvez, devido a transtornos ou dificuldades, medo, desânimo, pânico e preocupação estejam lhe roubando o presente, mas focar em Jesus e seguir os passos a seguir irão ajudá-la a lidar com as ansiedades da vida.

Escreva como se sente
Amada, o diário é uma ferramenta útil e poderosa para o trato das emoções. O diário nos permite escrever, abrir o nosso coração e

---
[3] MEYER, Joyce. *Campo de batalha da mente*, p. 77.

colocar para fora os sentimentos. Talvez escrever um diário todos os dias seja algo distante, mas você pode começar aos poucos. Eu comecei com anotações das minhas orações, do que Deus falava comigo, dos meus pedidos e das conversas que tinha com o Senhor. Muitas mulheres que me seguiam ficaram muito empolgadas com essa ideia, então, a transformei em um livro chamado *Ore e anote*,[4] como uma ferramenta para registrar as meditações e respostas de orações. Pode ser um bom começo para que você crie o hábito de escrever.

Peça ajuda
Às vezes é importante recorrer à clínica, à terapia. Contudo, em alguns casos, essa ajuda pode ser uma conversa em um gabinete pastoral ou o aconselhamento com um líder experiente e de confiança. Em outros, uma conversa com uma amiga pode fazer grandes coisas. O importante é buscar ajuda e companhia. Não fique só.

Pratique exercícios
Muita gente não sabe, mas o exercício físico é recomendado para tratar transtornos como o da ansiedade. Além de ajudar no funcionamento do sistema circulatório, os exercícios contribuem para a produção de endorfina e melhoram os níveis de serotonina e noradrenalina, substâncias envolvidas na ansiedade.

Respire fundo
Às vezes, em momentos de tensão, parar e respirar fundo já é o suficiente para nos acalmar. Em certas situações, precisamos de uma pausa intencional na qual respirar fundo nos ajuda a ter clareza sobre as situações.

Respirar profundamente 6 vezes, inspirar e expirar com calma pode ajudar. Tente fazer o exercício.

Escute uma música agradável
Sabe aquele louvor que acalma e proporciona a você um momento de intimidade com Deus? Ele pode trazer ao seu coração e a sua mente

---

[4] MARINHO, Márcia. *Ore e anote*: minhas orações, minhas anotações. São Paulo: Hagnos, 2023.

a paz de que você necessita em tempos de dificuldade, nos quais as emoções, os pensamentos e as demandas parecem nos fazer afundar. Erguer a mão e segurar na firme mão do Senhor é o que precisamos fazer quando tudo parece incerto.

Estimule a criatividade

Crie alguma coisa, desenhe, pinte, faça crochê ou desenvolva um novo passatempo para ocupar sua mente e relaxar.

Muitos dos nossos estímulos são visuais e estão ligados diretamente ao celular. Em vez de passar muito tempo mexendo nas redes sociais, busque hobbies fora do universo midiático. Dessa maneira, você relaxa a mente sem se sobrecarregar com informações demais por segundo.

Se desprenda de pensamentos improdutivos

Muitas vezes, em meio a dificuldades, os pensamentos negativos ocupam a nossa mente e bloqueiam a nossa visão. Ficamos presas à perspectiva pessimista, e a dor, a frustração, o medo e o desânimo parecem nos sufocar. Contudo, temos de abrir mão desses pensamentos.

Entregue-os diante de Deus, escreve sobre eles em um papel, a fim de que seus medos tomem forma e você possa lidar com eles com clareza, e não como uma ideia abstrata no fundo da mente.

Em alguns casos, pensamentos improdutivos podem se tornar sintomas sérios de transtornos psicológicos, então esteja sempre atenta à sua saúde mental.

Entregue a Deus

A Bíblia nos ensina que Deus tem planos de nos fazer prosperar, não de causar danos (leia Jeremias 29:11). Então, segurar na mão dele, entregar-nos totalmente, é um passo fundamental para não afundarmos na ansiedade, na preocupação, no medo.

Apresentar-nos a Deus com vulnerabilidade e dizer a Ele que não temos dado conta é uma forma de aprofundar o nosso relacionamento. O Senhor não é insensível com relação ao que sentimos; pelo contrário, Ele deseja nos ajudar e fortalecer.

CUIDE DA SUA AMIZADE COM DEUS

Se tem um amigo querido que sempre está de braços abertos para nós, é Deus. Ele tem sempre um colo confortante para nossos momentos de maior necessidade. Precisamos cuidar e zelar por nossa vida espiritual. Se você deseja se conhecer mais, tem de conhecer o seu Criador. Saber de onde viemos nos ajuda a entender como devemos nos portar aqui até que possamos, finalmente, ir para o lugar para o qual Ele nos chamará.

Há um louvor que retrata a nossa vida; a letra diz: "Eu não sou daqui, para casa voltarei. Ele vem me buscar e com Ele eu irei".[5] Então, no tempo em que estivermos por aqui, precisamos nos envolver em uma atmosfera espiritual para que possamos sentir um pouco de como será no céu.

Depois de aprender sobre maneiras de cuidar do seu próprio corpo, mente e espírito, estaremos satisfeitas. E o que é estar completamente satisfeito? A pergunta que muitos filósofos se fazem há anos, mas Cristo responde. Estudaremos melhor a satisfação no próximo capítulo. Espero por você lá.

Colocando em prática

Seguindo os ensinamentos deste capítulo, o que você pode colocar em prática em sua vida de forma rápida?

O que Deus falou com você ao ler essas páginas?

---

[5] JEFFERSON & SUELLEN. *Vem me buscar.*

Versículo de lapidação

Acaso não sabem que o corpo de vocês é templo do Espírito Santo, que está em vocês, o qual receberam de Deus? Vocês não são de vocês mesmos (1Coríntios 6:19).

Vamos orar?

Pai, ajuda-me a cuidar de tudo o que me deste: meu corpo, minha mente e meu espírito. Sei que sou falha em tantas áreas, mas hoje quero te pedir perdão por não ter valorizado e cuidado de um mecanismo tão maravilhoso como o meu corpo, de não ter avaliado os pensamentos tóxicos que coloquei em minha mente e por ter deixado enfraquecer minha vida espiritual. Por favor, dá-me mais de ti, preciso de mais da tua presença, para me fortalecer e melhorar em todas essas áreas. Amém!

Escrita terapêutica

Anote seus pensamentos, desejos e questionamentos acerca do capítulo e entregue suas palavras diante de Deus em oração.

• CAPÍTULO 12 •

EU SOU SATISFEITA

Resmungar, murmurar, criar contendas e viver insatisfeito é contra os princípios bíblicos. As Escrituras afirmam: "Melhor é viver no deserto do que com uma mulher briguenta e irritada" (Provérbios 21:19). O oposto de uma mulher briguenta e irritada é uma mulher satisfeita, plena e grata.

Uma mulher que não se ama se torna murmuradora, chata, sempre mal-humorada e áspera. Seu comportamento afasta todos ao seu redor. Ela não consegue exalar o bom perfume de Cristo. A questão é que a mulher murmuradora está presa a mentiras que ouviu a vida toda e que a impedem de seu propósito.

Qual a corrente a amarrou à amargura? Quais mentiras a impedem de se tornar a mulher que você nasceu para ser? Talvez as pessoas tenham dito que você é burra, que não serve para nada, que é feia ou difícil de lidar. Contudo, todas elas são mentiras. Quebre as correntes que a proíbem de viver as maravilhas que Deus tem para você.

Nele há satisfação plena. Nele não há amargura. Nele não há jugo, culpa ou imposição. Apegue-se Àquele que pode dar-lhe plenitude. Para amar a si mesma, você tem de destruir as mentiras que foram proferidas contra você.

A questão é que muitas vezes você está gastando energia pensando no que as outras pessoas acham sobre você. Quero que você reinvista esta energia em alinhar sua vida com a aceitação que Deus tem para você.

VOCÊ TAMBÉM TEM PONTOS FORTES

É bem comum olharmos as qualidades daquelas que nos cercam. Achamos lindo o cabelo da Amanda, perfeitos os cílios da Joana. A forma como a Adriana fala quando pega o microfone é contagiante. E Helena? Que exemplo de mãe, tão dedicada e apaixonada pelos filhos. Sem falar na Patrícia, empresária bem-sucedida; tudo o que essa mulher próspera toca vira ouro.

Não há problema algum em elogiar os outros. Devemos reconhecer seus pontos fortes, nos alegrar por suas conquistas e encorajar seu crescimento. Contudo, também temos de nos amar, enaltecer nossas qualidades e encorajar a nós mesmas. Muitas vezes não reconhecemos aquilo que fazemos bem, nossos talentos e aptidões.

Por isso, neste momento, quero que você exercite o hábito de amar a si mesma e elogiar seus pontos fontes. Aqui estão alguns exemplos:

Faço uma macarronada deliciosa	Cuido dos meus filhos como ninguém	Sou muito detalhista e cuidadosa	Protejo meus pais	Sou uma amante empolgante para meu marido
Sou uma serva fiel na minha igreja	Sou dedicada no meu tempo com Deus	Deixo minha casa limpa e impecável	Sou uma ótima maquiadora	Sou uma grande ajudadora das minhas amigas
Sou inteligente	Faço os outros se sentirem bem	Sou atenciosa	Sou muito divertida	Sou ótima contando histórias

Agora, escreva uma qualidade que chama a sua atenção:

Eu sou _____

Para continuar o exercício, que tal fazer alguns elogios para si mesma? Use este espaço para registrar algumas das suas muitas características positivas:

Eu sou _____
Eu faço _____
Eu _____
Eu _____

O OTIMISMO QUE CONTAGIA

Já parou para pensar que tudo o que a faz sofrer é transitório? Temos de focar no que é eterno. Depois de muitos anos apanhando e me preocupando com o momento, comecei a ver a vida de uma outra forma. A maturidade, o estudo, o tempo com Deus e a leitura bíblica nos ajudam a olhar a vida por outro ângulo.

Hoje, mesmo em meio a situações adversas, eu tenho aprendido que tudo na vida é bênção ou é lição; ou veio para me abençoar ou para me ensinar. Sou uma eterna aprendiz na estrada da vida e estou em processo de melhoria e construção.

> Tudo na vida é bênção ou é lição; ou veio para me abençoar ou para me ensinar.

Porque estamos em processo de crescimento, levaremos algumas pancadas. Vai doer? Vai. No entanto, encontramos conforto em saber que Deus nos prepara para um final glorioso. Vale a pena me apegar a Ele. Na segunda carta de Paulo aos Coríntios, uma das passagens mais fortes para mim, o apóstolo escreveu:

> Por isso, não desanimamos. Embora exteriormente nos desgastemos, interiormente estamos sendo renovados dia após dia, pois os nossos sofrimentos leves e momentâneos produzem para nós uma glória eterna que pesa mais do que todos eles. Assim, fixamos os olhos não naquilo que se vê, mas no que não se vê, pois o que se vê é transitório, mas o que não se vê é eterno (2Coríntios 4:16-18).

O Senhor é minha rocha, minha fortaleza e o meu refúgio. Ainda que doa, eu choro nos pés dele, não nas redes sociais, como muitas pessoas têm feito para tentar se sentir melhor. Escolhem se vitimizar porque não se amam e não recebem o amor e a validação daqueles ao seu redor. Sabem que não vai resolver, mas insistem.

Muitas pessoas não veem o que é eterno porque estão focadas nos próprios problemas ou na vida dos outros. Elas se esquecem de Deus e não conseguem enxergar a possibilidade de uma vida melhor. Contudo, devemos nos apegar ao que pode nos dar esperança, à certeza de que as misericórdias do Senhor não têm fim (leia Lamentações 3:21-23).

Como Davi, podemos dizer: "Ele me tirou de um poço de destruição, de um atoleiro de lama; pôs os meus pés sobre uma rocha e firmou-me num local seguro" (Salmos 40:2). Saber que ele nos resgatou da lama, nos tirou do fundo do poço e nos colocou em lugar seguro muda a nossa forma de encarar a vida. Entender o amor, a misericórdia e a fidelidade de Deus nos ajudam a ser mais otimistas.

ADEUS AO VITIMISMO

Outro aspecto contrário a ser otimista é ser vitimista. Muitas pessoas preferem ficar no fundo do poço, porque podem usar dessa situação para chamar a atenção dos outros, lamentar e se colocar como sofredoras. Elas se resumem ao sofrimento e deixam de contemplar as maravilhas de Deus.

E você pode parar e pensar: "Márcia está falando isso porque não sabe o que eu estou passando". Verdade, eu posso não saber o que você está vivendo agora, claro, mas posso dizer com certeza que dentre bilhões de pessoas na terra, tem sim alguém passando por algo pior do que você e muitas vezes não está se lamentando.

Eu já passei por coisas muito difíceis na minha vida. Olhando em retrospecto, vejo que elas me tornaram uma mulher melhor. Nas palavras de Marilyn Ferguson: "Quando você destrói o seu presente, começa a construir o seu futuro".[1] Temos de nos reconstruir, deixar surgir o novo em nós conforme nos desfazemos do que é velho.

As minhas dores se tornaram meu ministério. Eu era uma mulher que não se sentia amada, mas agora falo de amor, amo e recebo o amor de Deus, do meu marido e daqueles que estão ao meu redor. Uso do nosso canal no YouTube para espalhar amor. Se você me

---

[1] FERGUSON, Marilyn. *The Aquarian Conspiracy*, p. 161.

conhecesse antes da reviravolta santa que Jesus fez na minha vida, veria uma mulher retraída que se achava, mal-amada e malcuidada.

Deus se revelou a mim como um Deus cuja essência é o amor e mudou a minha história. Da mesma forma, a minha oração agora, enquanto escrevo, é para que Ele mude a sua. Você precisa se definir como a amada de Deus. Então, a partir de hoje, deixe de lado a reclamação e o vitimismo e viva a sua melhor versão, a de filha amada do Rei.

Quando alguém perguntar como você está, diga-lhe: "Vivendo a minha melhor versão, filha amada do Rei". Essa mudança de perspectiva vai mudar toda a atmosfera que a envolve.

APRENDER A RECEBER

Na maioria das vezes em que recebo uma paciente que não se ama, que carrega alguma ferida de apego e, como consequência, tem dificuldades em seu relacionamento matrimonial, vejo o quanto ela não se aceita. Essa falta de aceitação causada por traumas passados impede essa mulher de receber presentes, ajuda, atenção, bênçãos e amor.

Se quisermos ser mais parecidas com Jesus, precisamos aprender a abençoar e a ser abençoadas. A dar e a receber. Quem não se ama tem dificuldade em receber, porque não se acha merecedora de uma recompensa maior, e por isso nunca é premiada.

Se você identifica que está vivendo assim, chegou a hora de se permitir ser abençoada. Está na hora de receber o amor de Deus. Está na hora de receber o amor-próprio. Está na hora de receber o amor dos outros.

APRENDER A AGRADECER

Uma mulher satisfeita é uma mulher agradecida. Ela sabe valorizar e reconhecer o que os outros fazem por ela. Reconhece o que tem. Você não precisa olhar e ver o copo meio vazio ou meio cheio. Quando temos Jesus, acreditamos em um copo que pode transbordar.

Noemi, a sogra que recebeu uma das mais lindas declarações de amor e fidelidade de sua nora (leia Rute 1:16,17), ainda assim, carregava tanto sofrimento que não conseguia ser grata. Ela dizia: "Não me chamem de Noemi; melhor que me chamem de Mara, pois o Todo-poderoso tornou a minha vida muito amarga!" (Rute 1:20).

Aquela mulher disse: "Não me chamem de Noemi, que significa agradável. Me chamem de Mara, amarga". Essa é a visão de uma mulher que, por tanto sofrer, se esqueceu do amor e da bondade de Deus e o colocou como culpado pelas circunstâncias que a assolaram.

Quantas vezes agimos como ela. Focamos no que há de ruim e deixamos de agradecer por aquilo de bom que o Senhor tem feito. Reclamamos do que não temos e deixamos de reconhecer aquilo que já temos. No entanto, o Senhor é nosso resgatador, assim como foi o de Noemi (leia Rute 4:14).

A gratidão é como um músculo; quanto mais você exercita, mais se fortalece. A Bíblia diz para darmos graças em todas as situações (leia 1Tessalonicenses 5:18). Aprendemos sobre gratidão na conhecida cura dos dez leprosos:

> A caminho de Jerusalém, Jesus passou pela divisa entre Samaria e Galileia. Ao entrar em um povoado, dez leprosos dirigiram-se a ele. Ficaram a certa distância e gritaram em alta voz:
> — Jesus, Mestre, tem piedade de nós!
> Ao vê-los, ele disse:
> — Vão mostrar-se aos sacerdotes.
> Aconteceu que, seguindo pelo caminho, foram purificados.
> Um deles, quando viu que estava curado, voltou, dando glória a Deus em alta voz. Prostrou-se aos pés de Jesus e lhe agradeceu. Este era samaritano.
> Jesus perguntou:
> — Não foram purificados todos os dez? Onde estão os outros nove? Não se achou nenhum que voltasse e desse glória a Deus, a não ser este estrangeiro?
> Então, ele lhe disse:
> — Levante-se e vá; a sua fé o salvou (Lucas 17.11-19).

Você precisa ser aquela que volta para agradecer. Pelo que você tem deixado de agradecer? Pela vida, pelo ar que você respira, pela provisão diária? A seus pais? Ao seu marido? Desafio você a fazer uma atividade antes de terminar este capítulo. Como uma mulher plenamente satisfeita, escolha cinco pessoas e escreva os motivos pelos quais você é grata a elas.

NOME DA PESSOA	EU SOU GRATA POR...

Depois de preencher, faça uma pausa e mande uma mensagem rápida para algumas dessas pessoas, agradecendo pelo amor e apoio.

No próximo capítulo, aprenderemos maneiras de controlar nossa língua, a fim de sermos abençoadoras, e não escarnecedoras.

Parabéns por ter chegado até aqui. Sou grata por tê-la comigo nesta jornada!

Colocando em prática

Seguindo os ensinamentos deste capítulo, o que você pode colocar em prática em sua vida de forma rápida?

O que Deus falou com você ao ler essas páginas?

Versículo de lapidação

Melhor é viver no deserto do que
com uma mulher briguenta e irritada
(Provérbios 21.19).

Vamos orar?

Paizinho, sei que muitas vezes não tenho sido grata. Tenho murmurado e reclamado, quando deveria estar contente e satisfeita por tudo que já fizeste e pela certeza do que ainda farás. Enche-me com novo ânimo, ajuda-me a ser mais otimista, menos vítima das circunstâncias e mais confiante na tua Palavra. É o que te peço e já te agradeço em nome de Jesus. Amém!

Escrita terapêutica

Anote seus pensamentos, desejos e questionamentos acerca do capítulo e entregue suas palavras diante de Deus em oração.

• CAPÍTULO 13 •

EU ME TORNO MELHOR, PORQUE A BOCA FALA DAQUILO QUE O CORAÇÃO ESTÁ CHEIO

Talvez você já tenha ouvido alguém falar que a palavra tem poder. Essa concepção é bíblica, pois está escrito: "A língua tem poder de vida e morte [...]" (Provérbios 18:21). Quando usada da maneira errada, causa destruição e sofrimento. Quando usada da maneira correta, traz vida e edificação.

Muitas mulheres usam a língua para se maldizer, para fofocar e criticar os outros. Talvez a fofoca seja a mais perigosa. Começa de um jeito sutil, com um comentário aparentemente inocente, até que se torna um hábito corriqueiro. Contudo, em Provérbios 31, ao tratar sobre a mulher virtuosa, em quem devemos nos inspirar, as Escrituras afirmam que ela fala com sabedoria (v. 26).

Precisamos decidir ser assim. Se desejamos agradar a Deus, precisamos ser intencionais em buscar sabedoria em todos os aspectos. Temos de tomar cuidado com o que fazemos e falamos. O processo para nos tornar pessoas melhores, mulheres na nossa melhor versão, é longo e diário.

Precisamos recorrer às Escrituras para obedecer à vontade do Senhor para nós. A Bíblia está repleta de ensinamentos sobre isso, mas selecionei abaixo cinco versículos para ajudá-la a melhorar nessa área da sua vida:

1. Salmos 101.5: "Ao que fala mal do próximo às ocultas, farei calar; ao homem de olhos arrogantes e de coração orgulhoso, não tolerarei".
2. Provérbios 16.28: "O homem perverso provoca dissensão, e o que espalha boatos afasta bons amigos".
3. Provérbios 20.19: "O caluniador não guarda segredo; por isso, evite quem fala demais".
4. Provérbios 26.20: "Sem lenha, a fogueira se apaga; sem o caluniador, morre a contenda".
5. Efésios 4.29: "Nenhuma palavra torpe saia da boca de vocês, mas apenas a que for útil para edificar os outros, conforme a necessidade, para que transmita graça aos que a ouvem".

AS TRÊS PENEIRAS

O filósofo Sócrates deixou um ensinamento muito válido para aplicarmos ao abrir a nossa boca, se desejamos ser puros na maneira de falar.[1] Ele afirma que existem três filtros que precisamos usar antes de falar:

1. O que você quer contar é um fato? Caso seja um boato ou especulação, não deve ser dito. Mas, se for verdade, você pode passar para peneira da bondade.
2. O que você vai dizer é bom? Ajuda a construir ou a destruir a reputação da pessoa sobre quem você vai falar? Se o que você vai dizer é verdadeiro e bom, deve passar ainda pelo terceiro filtro.
3. Convém contar essa informação? Isso resolve alguma coisa? Ajudará a pessoa? Pode melhorar algo? Se não passar por alguma dessas peneiras, esqueça e enterre o assunto.

---

[1] BECK, Caio. *As peneiras da sabedoria de Sócrates*. Andragogia Brasil, 2017. Disponível em: <https://www.andragogiabrasil.com.br/peneiras-da-sabedoria>. Acesso em: 5 de out. 2023.

Sabe o que eu aprendo com isso? As pessoas sábias falam sobre ideias; pessoas comuns falam sobre coisas e pessoas medíocres falam sobre pessoas. Precisamos escolher que tipo de mulher nós seremos. Sabe quando a fofoca termina? Quando chega ao ouvido de uma mulher sábia. Você é a mulher sábia que edifica sua casa e a vida das pessoas que passam por você.

> Sabe quando a fofoca termina? Quando chega ao ouvido de uma mulher sábia.

CUIDADO AO ENTRAR NO JARDIM DA VIDA ALHEIA

Outra situação cada vez mais comum são os comentários maldosos nas redes sociais. Em vez de exalar amor e edificar, espalham veneno e inverdades. As pessoas invadem a rede social do outro e soltam o que há de pior dentro delas.

Uma vez, nos comentários de nossos vídeos, uma pessoa detonou a dicção de Darrell. Ela poderia ter buscado edificação e aprendizado por meio de nossas aulas gratuitas, dos testemunhos de renovação, mas se atentou à língua presa de Darrell e resolveu comentar a respeito.

Como você pode imaginar, eu tomei as dores dele e quis defender o meu marido. No entanto, ele me deu uma aula de sabedoria ao dizer: "Márcia, as pessoas só dão o que elas têm! Eu poderia me esconder por trás do meu problema, mas resolvi espalhar o amor que Deus tem me dado para outras pessoas; é isso que eu tenho para dar. Não precisa ficar com raiva, só temos de orar para que o Amor alcance a vida dessa pessoa. Ela deu o que tinha e nós vamos continuar dando o que temos, amor".

Apesar de o meu marido ser bem resolvido quanto à sua dicção e saber receber os comentários maldosos muito melhor do que eu, em outra circunstância, aquele comentário poderia ter estragado o dia dele ou feito que quisesse desistir. Nunca sabemos qual é a realidade dos outros, por isso, temos de ser cuidadosas no falar em todo o tempo. Às vezes um comentário maldoso pode ativar o que tem de pior na outra pessoa.

Precisamos ser mulheres inspiradoras e amáveis não somente na teoria, como também na prática. A forma como falamos tem de refletir o agir do Espírito Santo, que habita em nós. Não podemos atacar outras pessoas, machucar ou ferir. Nem como ações, muito menos com palavras. Temos de ser mulheres com quem os outros se sintam seguros e acolhidos. Se for para edificar fale, digite, se for para machucar, não fale.

CONTROLAR OS PENSAMENTOS

Assim como fazemos faxina na casa e damos um "tapa no visual", também precisamos limpar a nossa mente de pensamentos negativos que muitas vezes nos afastam de construir a mulher que queremos ser. Quantas vezes me peguei pensando negativamente sobre mim mesma. Quantas vezes acreditei na voz que dizia que eu não conseguiria. E eu, que deveria ser a pessoa que mais demonstra amor por mim mesma, estava me atacando constantemente.

Estima-se que de 60 mil pensamentos diários que temos, 80% deles são negativos.[2] Muitas vezes, sem perceber, nos encontramos presas a pensamentos de que algo não vai dar certo ou com medo, apreensivas, preocupadas, ansiosas. No entanto, as Escrituras nos asseguram:

> Deus livrará você de perigos escondidos e de doenças mortais. Ele o cobrirá com as suas asas, e debaixo delas você estará seguro. A fidelidade de Deus o protegerá como um escudo. Você não terá medo dos perigos da noite nem de assaltos durante o dia. Não terá medo da peste que se espalha na escuridão nem dos males que matam ao meio-dia. Ainda que mil pessoas sejam mortas ao seu lado, e dez mil, ao seu redor, você não sofrerá nada (Salmos 91:3-7).

Que maravilhoso! Precisamos tomar posse disso para que os pensamentos negativos não dominem nossa vida nem nos afastem de nos tornar a mulher que queremos ser. O Senhor nos dá a segurança de que precisamos. Ele nos ampara e protege, e essa verdade

---

[2] STELLA, Paulo Dalla. *Pensamento negativo é normal?* Diário de Curitiba. Disponível em: <https://diariodecuritiba.com/2021/09/28/pensamento-negativo-e-normal/>. Acesso em: 11 de dez. 2023

deve dominar a nossa mente, não os pensamentos negativos. Para nos livrar deles, precisamos ter um cuidado especial com as amizades, com os ambientes que frequentamos e com o que consumimos no tempo livre: os livros que lemos, as músicas que ouvimos, ao que assistimos etc. Você é a única pessoa que pode controlar o que habita na sua mente.

Cada pensamento libera uma reação química dentro de você. Essa reação gera um sentimento, que gera um comportamento, este pode ser bom ou ruim. Estes cinco passos podem ajudá-la a se livrar de pensamentos negativos:

1. *Reclame menos.* A reclamação em demasia, e principalmente quando se torna um hábito, pode gerar grandes problemas emocionais.
2. *Busque os pensamentos positivos.* Até o sistema imunológico de uma pessoa otimista é menos suscetível a doenças e ao sofrimento mental.
3. *Divirta-se.* O lazer é necessário, e buscar uma vida mais leve também. Por isso, vá passear na praça, faça uma caminhada, ouça músicas — se for um louvor, melhor ainda —, marque um encontro com amigos e se divirta com eles.
4. *Valorize a si mesma.* Temos mania de nos menosprezar e, para driblar os pensamentos negativos, vale a pena reconhecer o que temos de bom, enfatizar isso. Então, olhe no espelho e fale: "Eu sou a menina dos olhos de Deus. Eu tenho a genética do Pai".
5. *Leia e medite em versículos da Bíblia que falam de encorajamento.* Deuteronômio 31:6, Josué 1:9, 1Crônicas 28:20, Salmos 27:1,14, Isaías 43:5, entre outros, podem ser usados sempre para gerar novos pensamentos na sua mente.

AMAR MAIS, COBRAR MENOS

A tendência de exigir demais de nós mesmas suga as nossas energias e nos enfraquece. Você precisa pegar leve consigo mesma. Há momentos em que precisamos pedir perdão a nós mesmas pela maneira como nos tratamos. Então, volte para a frente do espelho e, em vez de se cobrar, agradeça a si mesma. Diga: "Muito obrigada, --- (seu nome) por seus acertos. Muito obrigada por sua dedicação para se tornar melhor".

A palestrante Brené Brown escreveu: "Você é suficiente assim como você é neste exato momento".[3] Não precisamos nos cobrar para ser quem não somos nem o que não fomos chamadas para ser. Cada uma tem um chamado e um propósito único na vida.

Muitas das doenças emocionais que vivemos na sociedade atual são fruto de pessoas duras demais consigo mesmo, elas se cobram demasiadamente um sucesso em tudo que fazem e vivem se martirizando a não atingir os objetivos ditados pelo mundo como referência de sucesso.

Para poder se cobrar menos, é importante praticar a autocompaixão e o autocuidado, definir metas realistas, celebrar suas conquistas, por menores que forem, e aprender a lidar com os erros. Se você fizer isso, olhará para si mesma com mais graça e bondade.

Todas as vezes que você se sentir fracassada, perdedora, desanimada, lembre-se de que sua vida não é uma foto daquele momento, e sim um filme, uma linda história. Podem existir momentos de tensão, de queda, mas não é o fim, você não precisa parar aí. Portanto lembrar que você foi criada por Ele (leia Efésios 2:10) e comprada por um alto preço do sangue de Cristo (1Pedro 1:19) vai fortalecer você para se cobrar menos e avançar na caminhada cristã.

APRENDER A DIZER NÃO

Por me permitir ficar escrava das necessidades dos outros, eu não conseguia crescer e me tornar melhor. Muitas vezes abri mão do que era melhor para mim, a fim agradar o outro. Não digo que devemos ser egoístas e deixar de servir o outro, mas não podemos nos maltratar e ceder aos nossos limites apenas para agradar outras pessoas.

Uma coisa é obedecer ao mandamento de Jesus e me diminuir para que Ele cresça por meio do serviço aos irmãos. De igual modo, como uma mãe dedicada, abdico de certas coisas para poder focar nos

---

[3] BROWN, Brené. *Braving the Wilderness*, p. 14.

meus filhos como uma demonstração de amor. Outra coisa, porém, é me machucar emocionalmente somente por não querer desagradar o outro.

Quanto mais coragem você tiver de dizer não, mais limites você tem para dizer sim. Precisamos aprender a dizer não quando algo não nos faz bem, quando precisamos ter um tempo nosso, quando temos outra prioridade. Isso não significa que não amamos o próximo, mas demonstra que nos amamos.

> Precisamos aprender a dizer não quando algo não nos faz bem, quando precisamos ter um tempo nosso, quando temos outra prioridade. Isso não significa que não amamos o próximo, mas demonstra que nos amamos.

Você precisa se respeitar. Avaliar seus limites, até onde seu corpo pode ir, até onde sua mente consegue se esforçar. Há muitas mulheres com crises de estafa porque vivem sua vida dizendo sim para os outros e esquecendo de si próprias, ou se esquecendo do que realmente é mais importante.

Cloud e Townsend, no livro *Limites*, definem como aquiescentes aqueles que são incapazes de estabelecer limites claros e firmes:

> As pessoas aquiescentes têm limites vagos ou indistintos; elas se moldam às exigências e necessidades dos outros. [...] Os aquiescentes, por exemplo, fingem gostar dos mesmos restaurantes e filmes que seus amigos "só para não discordar". Eles minimizam suas diferenças em relação aos outros para não provocar discórdia.[4]

Os autores explicam o quão prejudicial é a falta de limites. Não saber quando ou como dizer não traz consequências negativas.

Aquela vontade de sempre querer agradar, e por isso nunca dizer não, vai levá-la ao esgotamento mental. Você precisa saber negar, estabelecer limites e comunicá-los de maneira clara. Você deve respeitar a si mesma e impor respeito.

---

[4] CLOUD, Henry; TOWNSEND, John. *Limites*, p. 50.

A SÍNDROME DO "EU CONSIGO SOZINHA"

Eu acredito muito no poder da unidade. Creio que somos mais fortes juntas. A Bíblia nos ensina que é bom e agradável quando os irmãos convivem em união (leia Salmos 133:1). Já o texto de Eclesiastes 4:9 nos revela que é melhor ter companhia do que estar sozinho, porque a recompensa do trabalho de duas pessoas é maior.

Por que, então, temos tanta dificuldade de procurar ajuda, de nos abrir, de andar com outras mulheres com o mesmo propósito e os mesmos valores? Tenho visto mulheres que só procuram tratamento terapêutico quando não veem mais saída. Passaram por várias crises sozinhas e, quando o incêndio já destruiu tudo, buscam socorro. Por que não pedir ajuda quando a fumaça aparece, ou mesmo antes da primeira faísca?

Vamos outra vez para o exemplo de Jesus. Sabemos que ele não precisava dos discípulos para fazer milagres, para exercer seu ministério. Ainda assim, chamou doze pessoas para caminhar com ele. Tinha, ainda, dentre os doze, um círculo mais íntimo formado por ele, Pedro, Tiago e João.

Quando comecei minha caminhada cristã, fui recebida em um pequeno grupo na casa de uma serva linda do Senhor, a Narli. Começar em um grupo de apoio, de união e de crescimento foi fundamental para os meus primeiros passos.

Depois, durante muitos anos, recebi um pequeno grupo na minha casa, de onde surgiram minhas maiores amizades hoje em dia. Algumas das mulheres que fazem parte do meu círculo íntimo de hoje são frutos desse pequeno grupo. Caminhar com elas, com a oportunidade de nos abrir umas com as outras, ajudar e pedir ajuda e de ser um só corpo com elas faz toda a diferença na minha vida.

Da mesma forma, você precisa ter mulheres na sua vida a quem possa pedir ajuda. Você não tem superpoderes, não é autossuficiente, não é onipotente. Precisamos de amigas, não de superficialidade, mas das que nos abraçam quando estamos chorando e nos dão a mão quando passamos pelos vales e dificuldades da vida.

Quem são as pessoas que estendem a mão para você e a encorajam a ser melhor em todas as áreas? Reflita sobre as amigas que podem ajudá-la no processo de lapidação. Escreva quem é a pessoa que pode auxiliá-la em cada uma destas áreas:

Saúde física: _____
_____
Saúde emocional: _____
_____
Saúde espiritual: _____
_____
Amigas do meu círculo íntimo: _____
_____
Mulheres que me inspiram, a quem preciso escutar mais ou sobre quem quero ler: _____
_____

Na jornada de transformação, você não precisa estar sozinha. Saiba que estou junto a você. Nas minhas redes sociais, disponibilizo uma série de recursos e novidades para contribuir no seu crescimento. Então, junte-se a mim! Precisamos sempre nos conectar com as pessoas certas. Lembre-se de que não precisamos de muitas amigas, mas das amigas certas.

> Não precisamos de muitas amigas, mas das amigas certas.

COLOCANDO EM PRÁTICA

Seguindo os ensinamentos deste capítulo, o que você pode colocar em prática em sua vida de forma rápida?
_____
_____
_____
_____
_____

O que Deus falou com você ao ler essas páginas?
_____
_____
_____
_____
_____

Versículo de lapidação

Livrem-se, pois, de toda maldade e de todo engano, hipocrisia, inveja e toda espécie de maledicência. Como crianças recém-nascidas, desejem de coração o leite espiritual puro, para que por meio dele cresçam para a salvação, agora que provaram que o Senhor é bom (1Pedro 2:1-3).

Vamos orar?

Pai, obrigada por me lembrares durante esta leitura das áreas da minha vida que preciso melhorar. Sei que ainda não estou pronta, que sigo no caminho, dia a dia, buscando uma versão melhor de mim mesma. Não melhor do que minha amiga, mas melhor do que eu fui ontem. Ajuda-me a saber colocar os limites, a pensar coisas que venham do teu reino e abençoar as pessoas que passam em minha frente ou mesmo na minha rede social. Que da minha boca ou escrita só saiam palavras de bênção, e não de maldição. Que todos os dias eu seja mais semelhante a ti. É o que te peço e já te agradeço em nome de Jesus. Amém.

Escrita terapêutica

Anote seus pensamentos, desejos e questionamentos acerca do capítulo e entregue suas palavras diante de Deus em oração.

• CAPÍTULO 14 •

EU ME LIVRO DA REJEIÇÃO

REJEIÇÃO É SINÔNIMO de repúdio, repulsa. Dizer que você tem repulsa de alguém não é um xingamento leve. É dizer que você não aguenta estar perto dela. E a dor da rejeição, de ser deixada de lado, pode nos marcar para sempre.

Em algum momento da vida todas nós fomos rejeitadas, quer em um emprego, na vida amorosa, familiar ou com amizades. O quanto isso interfere na nossa vida define se poderemos ou não viver nossa melhor versão. Se poderemos ou não nos amar de verdade.

Segundo Erich Fromm, nós nos autoagredimos quando nos rejeitamos, pois rejeitamos também nossa capacidade de sentir e receber amor.

A rejeição é como uma semente plantada em nossa vida por conta de acontecimentos que nós vivemos. A autora Joyce Meyer, ao tratar da cura da alma e dos traumas que resultam da rejeição, escreveu: "Árvores têm raízes, e as raízes determinam os frutos! Frutos podres vem de raízes podres, e frutos bons vem de raízes boas". Em seguida, completa: "O fruto em nossa vida tem origem onde estivemos enraizados".[1]

Desde cedo, somos expostas a padrões de beleza, comportamentos e expectativas que, quando não correspondidos, geram um

---

[1] MEYER, Joyce. *A raiz da rejeição*, p. 5.

sentimento de não pertencimento, inadequação e, consequentemente, rejeição. Neste processo, temos trabalhado para nos livrar das imposições deste mundo para vivermos nossa melhor versão.

Todavia, a rejeição é uma ferida profunda que muitas de nós carregamos. Desde a infância, somos ensinadas sobre como devemos nos comportar, com quem devemos nos parecer e o que devemos alcançar. Ficamos sempre presas a modelos impostos pelos outros. E quando nós não tratamos as nossas feridas, elas ficam ali, às vezes escondidas, mas sem ser saradas.

Lise Bourbeau, em seu livro *As cinco feridas emocionais*, traz uma ilustração interessante:

> A ferida interior pode ser comparada a uma ferida física, como, por exemplo, um ferimento que você tem na mão há muito tempo, mas ignorou e não tratou, preferindo usar uma luva para não o ver.[2]

Quando colocamos a luva, podemos até não ver a ferida, mas ela continua ali. Qualquer pessoa que tocar em nossa mão não imagina o que há ali, mas assim que nos tocar, irá nos lembrar daquela dor, porque não foi tratada.

Ela continua dizendo que a questão é que sempre queremos culpar alguém por nossa dor. E, muitas vezes, culpamos a nós mesmas, e isso é tão injusto quanto terceirizar para qualquer outra pessoa. A acusação serve apenas para nos deixar infelizes. Precisamos identificar a raiz da rejeição e tratá-la, para podermos viver livres e nos amar.

DESDE A INFÂNCIA

As experiências durante os primeiros anos de vida desempenham um papel fundamental na formação da autoimagem e da autoestima, bem como na maneira como a mulher se vê e se relaciona com os outros. Se uma criança é constantemente criticada, ignorada, rejeitada ou não recebe apoio emocional, isso pode criar crenças negativas

---

[2] BOURBEAU, Lise. *As cinco feridas emocionais*, p. 15.

sobre si mesma, como sentir-se indigna de amor e aceitação. Essas crenças podem influenciar os relacionamentos e a autoimagem ao longo da vida de uma mulher.

As experiências nessa fase moldam a base de como uma pessoa percebe seu valor, lugar no mundo e suas habilidades para lidar com a rejeição. Se as crenças formadas nesse período são negativas ou limitadoras, é provável que essa pessoa enfrente desafios em lidar com a rejeição na vida adulta.

A teoria do apego, de John Bowlby e Mary Ainsworth, destaca a importância dos primeiros relacionamentos na formação da autoimagem e na capacidade de lidar com emoções. Relações seguras e afetuosas na infância promovem um senso de segurança e autoestima, enquanto experiências negativas podem levar a problemas de autoimagem e dificuldades em lidar com a rejeição.[3]

De acordo com essa teoria, as interações entre a criança e seus cuidadores principais, especialmente nos primeiros anos de vida, moldam a percepção da criança sobre si mesma, sobre os outros e sobre o mundo em geral.

> O mundo pode nos rejeitar. As pessoas podem nos menosprezar. Nossos pais podem falhar. Nosso marido pode falhar. Nossos amigos podem falhar. Contudo, temos um Deus que não nos abandona.

No entanto, se você identifica a raiz da rejeição em sua vida, não fique triste. A história da vida terrena de Cristo nos mostra que Ele se identifica com a nossa humanidade e com as nossas dores. A Bíblia diz: "Foi desprezado e rejeitado pelos homens, um homem de dores e experimentado no sofrimento. Como alguém de quem os homens escondem o rosto, foi desprezado, e não o tínhamos em estima" (Isaías 53:3). Ou seja, Ele também sofreu rejeição, mas, ao vencer a morte, venceu a rejeição. Sobre seus ombros, Ele também levou o peso da rejeição sofrida por nós.

O mundo pode nos rejeitar. As pessoas podem nos menosprezar. Nossos pais podem falhar. Nosso marido pode falhar. Nossos

---

[3] Para mais informações, confira: <https://www.sinopsyseditora.com.br/blog/teoria-do-apego-saiba-o-que-e-417>. Acesso em: 11 de jan. 2024.

amigos podem falhar. Contudo, temos um Deus que não nos abandona. Cristo prometeu jamais rejeitar aqueles que vão até Ele (leia João 6:37). Em Salmos 27:10, lemos: "Ainda que o meu pai e a minha mãe me abandonem, o Senhor me acolherá".

Entender esse amor de Deus é o que nos supre, para não nos deixarmos parar por conta dos desafios da vida.

IDENTIFICANDO AS CAUSAS

A raiz da rejeição na vida de uma mulher pode variar, mas geralmente está relacionada a experiências passadas de rejeição, baixa autoestima, comparação com os padrões sociais, medo de não ser aceita ou amada e traumas emocionais. Também pode ser consequência de situações que aconteceram no ventre materno, como a gravidez indesejada ou gênero preterido.

O divórcio dos pais na infância pode gerar uma ferida de rejeição na vida de uma mulher que não se achava suficiente e se culpava pelo fim do casamento dos pais. Da mesma forma, a ausência de um ou dos dois pais pode resultar na rejeição, nos problemas de abandono e na desconfiança.

A rejeição na escola, como o *bullying* e a pressão para seguir padrões comportamentais ou de beleza, pode influenciar a autoimagem. Uma menina que testemunha violência física ou verbal, traições ou desentendimentos recorrentes em casa pode entrar em relacionamentos amorosos tóxicos ou buscar diversos parceiros sexuais.

A identificação das raízes da rejeição em sua vida pode ser feita ao observar seus padrões de pensamento e comportamento. Fique atenta a sentimentos constantes de inadequação, medo de ser rejeitada, dificuldade em se relacionar de modo saudável, autocrítica excessiva e baixa autoestima. Se esses padrões persistirem e afetarem negativamente sua vida, é hora de considerar buscar apoio profissional, como terapia, para explorar e trabalhar essas questões mais profundamente.

A TAL DA INSEGURANÇA

Uma mulher ferida pela rejeição se torna muito mais insegura. Ela desenvolve preocupações quanto à aparência, à personalidade, ao aspecto financeiro e ao futuro. Sempre tem medo do próximo passo, do que falarão dela, do que podem pensar e, por isso, acaba, mesmo sem perceber, minando seu potencial.

Nós precisamos buscar nossa segurança em Jesus. A Bíblia nos ensina em diversas passagens que a segurança vem do Senhor (leia Salmos 4:8, 91:1,2, 121:2-4; Provérbios 14:26; Filipenses 4:9), e isso é verdade em todos os aspectos. Além disso, o verdadeiro e perfeito amor nos dá segurança, pois "no amor não há medo; pelo contrário, o perfeito amor expulsa o medo, porque o medo implica castigo [...]" (1João 4:18).

Quando estamos presos à rejeição, ela tem um impacto avassalador na nossa autoestima. Para além da baixa confiança em nosso próprio potencial, a nossa confiança nos outros também é estremecida e, em muitos casos, a confiança em Deus também.

Precisamos entender que a nossa segurança não vem de imóveis, carros, recursos financeiros, ministérios, cônjuges ou familiares. Devemos nos encher em Cristo, pois Ele é a nossa Rocha. A autora Joyce Meyer explicou:

> Pessoas inseguras são constantemente atormentadas pelo que as outras pessoas pensam, elas possuem uma raiz de rejeição na vida e frequentemente terminam sendo manipuladas e controladas pelos outros. São pessoas que vivem para agradar os outros, ao invés de seguir a direção do Espírito Santo. A definição grega da palavra *segurança* inclui ter pleno domínio, ser forte, governar e estar sem ansiedade, livre de cuidados.[4]

Já comentei com você aqui nesse livro que durante muito tempo, mesmo pregando em vários locais, considerava-me insegura, incapaz, não merecedora. Com sua misericórdia, Deus foi tratando a minha raiz da rejeição para me curar e me mostrar quem eu sou, uma versão melhor de mim. O Inimigo tentou me enganar muitas vezes; porém, a cada tentação, mais eu me entregava a Deus, mais lia a Palavra e mais me apegava àquelas verdades Dele. Por consequência, eu vencia

---

[4] MEYER, Joyce. *A raiz da rejeição*, p. 21. (Ênfase no original.)

meus traumas e minha segurança em mim mesma alcançou outros patamares como nunca antes.

Quantas vezes meditei em Isaías 41:10: "Por isso, não tema, pois estou com você; não tenha medo, pois sou o seu Deus. Eu o fortalecerei e o ajudarei; eu o segurarei com a destra da minha justiça". Naqueles momentos em que me sentia incapaz, era essa palavra que me fortalecia.

Eu era uma improvável. Como todo mundo que a gente olha de longe e não sabe o íntimo, as dores, as vitórias e derrotas, você não imaginaria o que eu tive que vencer. Na escola, tinha dificuldade de apresentar trabalhos na sala de aula por causa da timidez. Quando cheguei na igreja, entrava muda e saía calada do pequeno grupo que frequentava. A insegurança era uma prisão.

Contudo, eu não era a única improvável. A Bíblia está cheia de exemplos de homens e mulheres improváveis cuja história foi transformada pela graça de Deus. Foi o caso de Ester (leia Ester 4:16). Ela era uma órfã judia que foi escolhida para se tornar rainha da Pérsia. Sua coragem surpreendeu a todos quando intercedeu a favor do seu povo e os salvou.

Outra improvável era Raabe, uma prostituta de uma cidade pagã prestes a ser destruída. Em meio àquele cenário caótico, ela escolheu se apegar a Deus e ter fé (leia Josué 2:11). Graças à sua ajuda aos israelitas, Raabe e sua família foram salvas quando Jericó foi conquistada pelos israelitas.

Você vai notar que elas não ficaram presas aos motivos pelos quais eram rejeitadas, tampouco estremeceram por causa da insegurança. Não importava se eram órfãs ou prostitutas, porque tinham clareza de sua missão e seu propósito. Elas focaram em agradar a Deus e, por isso, venceram suas dificuldades e suas inseguranças. É assim que tenho feito também em minha vida.

Depois que entendi que deveria amar a Deus acima de todas as coisas e que precisava me amar para amar o próximo, comecei a buscar todos os dias a minha melhor versão. Agora, quando estou diante de uma plateia, ministrando para mulheres ou casais, entendo que tudo tem a ver com Ele ter me escolhido; nada tem a ver comigo. Toda a honra e toda a glória pertencem ao Senhor.

Oro, neste momento, pedindo a Deus que atue também na sua vida, tirando qualquer insegurança. Oro para que Ele a ajude a entender que você não foi escolhida por acaso. Você é filha, a filha amada.

UMA JORNADA DE RECONSTRUÇÃO

Superar a raiz da rejeição muitas vezes envolve uma jornada de desconstrução dessas crenças enraizadas. É um processo de reconhecer e desafiar as ideias internalizadas, promovendo a autocompaixão, a reestruturação de pensamentos negativos e a construção de uma autoimagem baseada em valor próprio e autoaceitação.

A autoaceitação talvez seja a palavra-chave no processo de nos amar mais. Veja como Deus olha para você. Ele a ama do jeito que você é. Ele nos escolheu do jeito que nós somos, conforme João 15:16: "Vocês não me escolheram, mas eu os escolhi e designei [...]". Ou seja: foi uma escolha dele, por isso precisamos nos aceitar como Ele aceita.

Segundo Lise Bourbeau: "Se continuar a acreditar que tudo que lhe acontece é culpa dos outros, sua ferida não irá sarar".[5] Ela continua: "Quanto mais alimentamos um medo, mais depressa ele se concretiza". Ela nos traz uma referência de que, quanto mais grave é a ferida de rejeição em uma pessoa, mais ela atrai circunstâncias para ser rejeitada ou para rejeitar alguém.

Se ficarmos presas à rejeição, perderemos a oportunidade de viver uma versão melhor de nós mesmas. Ainda que Deus nos ame da forma como chegamos diante dele, Ele não quer que paremos de melhorar e crescer. A jornada de reconstrução passa por deixar no passado o que ficou no passado e começar a viver o novo sem esconder ou ignorar a ferida.

PRECISAMOS DESENVOLVER A AUTOCONFIANÇA

Segundo Joyce Meyer, a rejeição é contra o propósito de Deus ao nos criar: "Deus não nos criou para sermos rejeitados. Ele nos criou para

---

[5] BOURBEAU, Lise. *As cinco feridas emocionais*, p. 30.

sermos aceitos, amados e apreciados".[6] Como, então, poderíamos nos manter presas a algo que nos impede de viver plenamente o propósito do nosso Criador?

O amor é a finalidade da nossa existência. No amor, tudo começa e tudo converge. Portanto, se entendemos que somos amadas e escolhidas por Deus, torna-se mais fácil desenvolver uma autoconfiança que nos ajuda a superar nossas feridas da rejeição.

Temos de buscar nele a autoconfiança. Dele me abasteço, porque tenho sido forjada nos ensinos divinos e na Palavra de Deus. Quanto mais tempo passo com Ele e leio a Bíblia, mais minha confiança aumenta. Assim, posso me libertar da rejeição que me acorrentou por toda a vida.

Então, podemos sim passar por situações em que seremos rejeitadas, mas, fundamentadas nas Escrituras e firmadas em Deus, temos a escolha de não aceitar ficar paralisadas por elas. Essa escolha é fundamental para podermos prosseguir rumo à nossa melhor versão. Temos de ter confiança de que, pelo poder do Espírito Santo em nós, somos capazes de cumprir o propósito do Senhor sem que nada nos impeça.

Gosto muito do texto de Romanos 8:38,39, em que Paulo nos ensina que nada poderá nos separar do amor de Deus, que está em Cristo Jesus, nosso Senhor. Nenhuma rejeição, de quem quer que seja, poderá me separar do maior amor do mundo, o amor de Deus. A nossa confiança deve vir dessa certeza. Não confiamos em nós mesmas por fruto de nossa capacidade, força ou inteligência, mas por causa do infinito e eterno amor do Pai.

PARA COLOCAR NO ESPELHO

Toda vez que a rejeição quiser colocá-la para baixo, lembre deste acróstico abaixo. Se quiser, tire uma foto, imprima e cole-a em um lugar visível.

---

[6] MEYER, Joyce. *A raiz da rejeição*, p. 46.

R	*Reconheça suas emoções e se permita senti-las.*	Permita-se sentir e processar suas emoções relacionadas à rejeição, sem julgamento.
E	*Examine suas crenças limitantes e as desafie.*	Identifique e questione as crenças negativas que você tem sobre si mesma, substituindo-as por pensamentos mais positivos e realistas.
J	*Junte-se a grupos de apoio ou busque ajuda profissional.*	Procure terapia ou grupos de apoio para compartilhar suas experiências, receber orientação e fortalecer sua resiliência emocional.
E	*Eleve sua autoestima, valorizando a si mesma e praticando o autocuidado.*	Valorize suas qualidades e conquistas e desenvolva uma imagem positiva de si mesma. Para maior apoio, faça os exercícios que apresentamos no capítulo 10.
I	*Identifique as lições e os aprendizados em cada experiência de rejeição.*	Utilize a rejeição como uma oportunidade de crescimento pessoal, aprendendo lições valiosas sobre si mesma e sobre relacionamentos saudáveis.
Ç	*Cultive um relacionamento com Deus, confiando em seu amor incondicional.*	A Bíblia diz, em 1Pedro 5:7: "Lancem sobre ele toda a sua ansiedade, porque ele cuida de vocês". Se aprofundamos o nosso relacionamento com Deus, podemos confiar no amor incomparável que cuida de nós.
Ã	*Aceite que a rejeição não define seu valor ou identidade.*	Você não é o que aconteceu com você. Você é o que Deus diz que você é.
O	*Ocupe-se com atividades positivas e construtivas para se fortalecer.*	Encha-se do que vem de Deus e que lhe fazem bem e de pessoas que a levam além de onde você poderia ir sozinha.

Livres das escamas da rejeição que impediam nosso verdadeiro brilho resplandecer em nosso olhar, estamos quase prontas para amar o próximo, que será o tema da nossa última parte do livro. Contudo, não podemos seguir sem antes revermos se há alguma ferida não sarada, se alguma mágoa não foi retirada e se realmente fomos perdoadas por nós mesmas. E é isso que irei conversar com você no próximo capítulo.

Colocando em prática

Seguindo os ensinamentos deste capítulo, o que você pode colocar em prática em sua vida de forma rápida?

O que Deus falou com você ao ler essas páginas?

Versículo de lapidação

De todos os lados somos pressionados, mas não desanimados; ficamos perplexos, mas não desesperados; somos perseguidos, mas não abandonados; abatidos, mas não destruídos (2Coríntios 4:8-9).

Vamos orar?

Paizinho, sabes o quanto já sofri, todos os desafios que vivi, mas hoje entendo que eu não sou o que passei. Entendo que tu me aceitas como eu vim e me ajudas a ser melhor a cada dia. Muitas vezes ajo com insegurança e me aprisiono às mentiras que ouvi, mas hoje quero entregar essas dores, quero poder prosseguir para meu destino e viver o teu propósito, sendo uma melhor versão de mim mesma. Que eu seja aquela versão de mulher que agrada a ti. É o que te peço e já te agradeço em nome de Jesus. Amém.

Escrita terapêutica

Anote seus pensamentos, desejos e questionamentos acerca do capítulo e entregue suas palavras diante de Deus em oração.

◆ CAPÍTULO 15 ◆

EU ME PERDOO

As mágoas não curadas podem se tornar um fardo pesado ao longo do tempo, impedindo que sigamos em frente. Costumo fazer uma dinâmica muito interessante em minhas palestras quando falo sobre perdão. Quero fazê-la com você.

Imagine-se com o braço esticado segurando um copo de água comum na mão. No início, ele parece leve e fácil de segurar. No entanto, à medida que o tempo passa — um minuto, trinta minutos, duas horas —, o peso do copo começa a fazer o seu braço cansar, até que se torna insuportável. Se você estica o braço e segura o copo por um minuto, ele pode parecer leve. Todavia, se passar doze horas com o braço esticado segurando o copo, ele se tornará extremamente pesado.

Assim como o copo de água, as mágoas não resolvidas podem começar como algo insignificante. Entretanto, à medida que se acumulam ao longo do tempo, tornam-se cada vez mais pesadas emocionalmente. Às vezes, ignoramos ou suprimimos essas mágoas, pensando que podemos lidar com elas mais tarde. No entanto, essa abordagem pode ser prejudicial.

Essa dinâmica nos lembra da importância de lidar com nossas feridas de modo saudável e eficaz. Devemos encontrar maneiras de expressar nossos sentimentos, buscar apoio emocional e trabalhar na cura interior. Isso nos permitirá liberar o peso emocional e encontrar nossa melhor versão.

ACEITAR-SE PARA SE AMAR

Perdoar a si mesma é um processo de aceitação e compreensão de erros, falhas ou arrependimentos passados. É uma forma de liberar o peso emocional e cultivar a autocompaixão, permitindo-se crescer e seguir em frente. Isso implica em reconhecer que somos humanos, cometemos erros, mas, ainda assim, merecemos nos perdoar para encontrar paz interior e promover o nosso bem-estar emocional.

Para passar para a etapa seguinte, amar o próximo, você precisa se perdoar, a fim de se tornar a mulher que você quer ser.

ABANDONE O PASSADO

> Quem fica preso ao passado não consegue viver o futuro.

Quando você se perdoa, torna-se livre para voltar a amar. Muitas pessoas se mantêm reféns do passado. Levantam um muro de mágoas, de ressentimento e muitas vezes não conseguem ultrapassar essa barreira. Como consequência, quando estão em relacionamentos, não conseguem agradar o outro e nem mesmo sabem por quê.

Quem fica preso ao passado não consegue viver o futuro. Na carta de Paulo aos Filipenses, está escrito:

> Irmãos, não penso que eu mesmo já o tenha alcançado, mas uma coisa faço: esquecendo-me das coisas que ficaram para trás e avançando para as que estão adiante, prossigo para o alvo, a fim de ganhar do chamado celestial de Deus em Cristo Jesus (Filipenses 3:13,14).

Nesses versículos, somos encorajadas a abandonar o passado e seguir em frente, buscando o propósito de Deus em nossa vida. Contudo, para viver esse futuro, precisamos nos perdoar.

O PERDÃO LIBERTA

Quero convidá-la a ter um momento íntimo. Nesta parte do livro, vivemos uma imersão profunda na pessoa com quem passamos mais tempo e de quem precisamos cuidar com mais intencionalidade: nós mesmas. Contudo, não podemos nos amar se não nos perdoarmos.

Por isso, quero desafiar você a se perdoar. Porque a forma como você se trata refletirá no que você semeará e colherá em seus relacionamentos. Se você não pode perdoar a si mesma, não pode perdoar os outros.

Um exemplo que gosto muito de alguém que soube se perdoar foi o apóstolo Pedro. Você conhece bem a história. Ele negou Jesus três vezes, e, então, ao se lembrar das palavras do Senhor, chorou amargamente e se arrependeu (leia Lucas 22:61,62).

A princípio, alguém poderia pensar que, profundamente envergonhado e sob o peso da culpa, ao saber da ressurreição de Jesus, Pedro fugiu. Correu para longe e se escondeu daquele que não era apenas seu mestre, como também seu amigo. Pedro, porém, não fez isso. Não remoeu seu erro, lamentou ou vitimizou. Não, Pedro se tornou um dos líderes da igreja primitiva.

Pedro viveu seu propósito independentemente dos erros do passado, pois sabia que era amado por Jesus apesar de seus erros. O discípulo aceitou o amor, a graça e o perdão de Cristo e, então, pôde se amar e, de maneira graciosa, se perdoar. Ele é um exemplo para a minha e para a sua vida. Como ele, vamos seguir e nos perdoar.

OS PASSOS CERTOS RUMO AO SEU DESTINO

O processo de se perdoar é pessoal e individual. No entanto, quero listar alguns passos práticos que você pode seguir para se perdoar e caminhar em direção ao seu propósito. Vou voltar ao acróstico e para facilitar seu aprendizado vou chamar de RAMPA, lembre-se sempre de subir nela quando ficar presa na falta de perdão.

R	*Reconheça e aceite os erros cometidos*	Se tem um lugar para onde não voltaremos é para o passado. Então, vamos reconhecer o que aconteceu e que agora precisamos prosseguir.
A	*Assuma a responsabilidade por suas ações*	Apenas uma pessoa é responsável pela minha vida, eu. Preciso assumir a responsabilidade e parar de culpar os outros, porque isso pode me enganar, mas não resolve o problema.
M	*Mas não se cobre tanto*	Uma coisa que você aprende no processo de se amar verdadeiramente é praticar a compaixão consigo mesma.
P	*Perdoe-se e siga em frente*	Essa é a decisão mais importante. Sem ela, você ficará presa ao passado.
A	*Aprenda com os erros e busque o crescimento pessoal*	Eu tenho aprendido que, na vida, os acontecimentos são bênçãos ou lições. Ou ganho ou aprendo algo com eles. Essa tem de ser nossa premissa nas batalhas que enfrentamos.

Para ajudá-la a se perdoar, quero fazer com você uma experiência. Vamos, novamente, imaginar que você está comigo no meu *setting* terapêutico. Para isso, vou precisar que, antes de seguir para as instruções, você garanta que não será incomodada. Vá para um ambiente seguro e silencioso e certifique-se de que estará sozinha.

Caso você não esteja em condições de fazer agora, peço que não leia as instruções abaixo, para que a sua mente não crie bloqueios para a experiência. Então, quando você estiver sozinha, poderá fazê-la sem empecilhos. Caso já esteja pronta, prossiga.

EXPERIÊNCIA DO ESPELHO
A ARTE DE ME AMAR

Para esta experiência, será necessário um espelho ou a câmera do seu celular. Recomendo, porém, que use o espelho, pois isso evitará que você se distraia com alguma notificação de aplicativo.

Em seguida, sente-se em uma cadeira bem confortável que a deixe em segurança. Se desejar, coloque uma música ambiente relaxante para ajudá-la a se concentrar. Quero que você respire bem fundo pelo menos três vezes. Depois, se estiver com o celular, abra o aplicativo da câmera, como se você fosse tirar uma *selfie*. Se estiver com o espelho, vire-o para si mesma.

Está se vendo? Olhe para si mesma com atenção. Não tire o olho do seu reflexo, por mais difícil que seja se olhar. Agora, peço que pare de ler um pouco e se olhe por pelo menos um minuto. Olhe as marcas, os detalhes do seu rosto, as cicatrizes que o tempo deixou e os contornos que Deus preparou. Permita-se viver esta experiência única. Permita-se desfrutar de suas características únicas.

Depois de pelo menos um minuto se olhando e amando, volte para a leitura. O próximo passo é se lembrar daquela menina sonhadora na infância que você foi um dia. Relembre a menina que tinha uma heroína ou uma princesa preferida.

Talvez você tenha apagado essa fase da vida da sua memória e se esqueceu daquela adolescente apaixonada da juventude, ou deixou para trás os sonhos do sucesso familiar ou profissional. Pode ter perdido de vista o desejo de encontrar um homem separado pelo Senhor ou um marido atencioso, servo de Deus.

Talvez tantas coisas foram apagadas aí dentro de você porque você não se ama do jeito certo. Por isso, hoje você se cobra, se maltrata e se penaliza.

Pode ser que, em algum aspecto, você viva na escuridão. Uma escuridão enquanto mãe, com o filho que lhe traz desafios, ou enquanto filha, com algo que você disse e não consegue se perdoar. Ou, quem sabe, uma escuridão no casamento que a impede de ver a luz no fim do túnel. Talvez a escuridão seja na sua vida profissional. Ou, então, você simplesmente deixou de sonhar.

Olhe de novo para a mulher cuja imagem está refletida no espelho ou na câmera frontal do celular. Olhe para você. Concentre-se na pessoa a quem você deve tanto amor e cuidado. Quero que você se olhe por pelo menos trinta segundos agora. Passado esse tempo, volte à leitura. Olhe para si mesma agora e perceba os detalhes que Deus criou em você.

Você é perfeita aos olhos de Deus.

Você é linda, sim.

Você é separada por Ele, sim.

Você é amada por Ele, sim.

Você é única, sim.

Você é a filha preciosa dele, sim.

Você tem a genética do Pai.

Então, agora olhe para a sua imagem e fale para si mesma o seguinte:

— Eu sei que doeu!

Olhe para si mesma.

— Estas rugas são de histórias; algumas tristes, outras felizes. Eu sei que você chorou, mas sei também que se alegrou.

Olhe para si mesma.

— Sei dos dias de tensão e dor pelos quais você passou; eu estava com você. Mas sei também o quanto aquilo a fez crescer.

Olhe para si mesma.

— Sei dos seus sonhos de menina, da sua vontade de voar, de amar e ser amada. Sei o quanto você já foi decepcionada; eu estava com você.

Olhe para si mesma.

— Mas sei também o quanto a sua força faz a diferença na vida de tanta gente. Sei o quanto Deus a ama e o quanto eu preciso de você.

Olhe para si mesma por um período mais longo. Respire fundo e diga:

— Sabe quem eu sou? Sua melhor amiga, você mesma.

Olhe para si mesma.

— E, hoje, eu tomei uma decisão. Quero convidar você a se amar de uma forma como nunca se amou: da forma certa e se valorizando! Quero que você se perdoe e enxergue a beleza que está na genética do Pai, que estava escondida, mas hoje Ele lhe revelou.

Olhe para si mesma.

— Hoje eu tomo posse da minha melhor versão, a de filha amada do Rei, a de filha com a genética do Pai. Eu sou a AMADA dele. E, para isso, eu quero ser parecida com Ele e me perdoar como Ele me perdoou.

Olhe para si mesma e diga:

— Eu me perdoo.

Colocando em prática

Seguindo os ensinamentos deste capítulo, o que você pode colocar em prática em sua vida de forma rápida?

O que Deus falou com você ao ler essas páginas?

Versículo de lapidação

Sou eu, eu mesmo, aquele que apaga
suas transgressões, por amor de mim, e
que não se lembra mais de seus pecados
(Isaías 43:25).

Vamos orar?

*Pai, é tão difícil me perdoar! Ajuda-me a seguir
livre do peso dos meus erros. Teu Filho Amado
morreu naquela cruz e levou esse fardo pesado, e
não quero mais carregá-lo. Que eu prossiga livre
desse peso e plena em ti. Amém!*

Escrita terapêutica

Anote seus pensamentos, desejos e questionamentos acerca do capítulo e entregue suas palavras diante de Deus em oração.

• PARTE 3 •

AMAR O PRÓXIMO

• CAPÍTULO 16 •

AMOR, PAIXÃO E CARÊNCIA AFETIVA

O QUE SERÁ O AMOR? Defendido, criticado, motivo das maiores alegrias, mas também de grandes dores na vida do ser humano. O mundo gira em torno do amor; o ser humano precisa amar e ser amado. Creio que para isso que fomos criados.

Mesmo antes de Cristo, o amor já era um tema central em várias escolas de pensamento na Grécia Antiga e em outras civilizações. Nos filmes, na música, na literatura e na vida das pessoas, o amor sempre se fez presente.

Ele pode ser estudado por diferentes perspectivas. Dentre elas, estão psicologia, filosofia, antropologia e até mesmo biologia, pois envolve não apenas aspectos emocionais, mas também processos cognitivos, sociais e biológicos.

Platão escreveu sobre o amor em diversos de seus trabalhos. Em *O banquete*, por exemplo, escreveu: "Se portanto o Amor é carente do que é belo, e o que é bom é belo, também do que é bom seria ele carente".[1] O escritor David Solá afirmou: "O amor pode ser manifesto, descrito e experimentado, mas provavelmente nunca poderá ser explicado".[2]

---

[1] PLATÃO. *O banquete*. Domínio público. Disponível em: <http://www.dominiopublico.gov.br/>. Acesso em: 12 de jan. de 2024.
[2] Solá, David. *Amar es más sencillo*, p. 37.

Alain de Botton, filósofo suíço, foi entrevistado pelo Estadão e disse: "Amor é uma habilidade a ser aprendida".[3]

O amor, por ser ágil e caprichoso, pode se confundir com a paixão e com a dependência emocional, às vezes é mal interpretado e mal praticado. Deixamos de usufruir da parte correta do amor, misturamos diferentes sentimentos e o perdemos de vista.

Muitas pessoas veem o amor como um sentimento intenso de atração, conexão emocional e compromisso com um parceiro romântico. Esse tipo é frequentemente associado à paixão, ao romance, ao desejo e à parceria íntima. O amor pode ser uma fonte de felicidade, apoio emocional e fortalecimento dos laços sociais. No entanto, também pode ser complexo e desafiador, sujeito a mudanças, desentendimentos e dificuldades.

Em um casamento cristão, o amor deve ser regado por respeito, apoio mútuo, disposição de sacrificar-se pelo outro, crescimento espiritual, paciência, perdão e muita capacidade de reconciliação. Ele independe das circunstâncias ou do comportamento do parceiro, mas procura espelhar o amor de Deus, que é eterno e sem limites.

O amor deve ser puro, fiel e longevo. Esse amor inclui um amor romântico, mas também uma amizade duradoura, em que os dois entendem que estão juntos em uma missão na qual seu casamento glorifica a Deus, ao refletir o amor de Jesus pela igreja (leia Efésios 5:25-31).

Tenho percebido que, quanto mais nos entregamos ao sentimento, mais intenso e valioso ele se torna. Mais parecidos com o outro seremos e mais cúmplices nesta caminhada. Estou com Darrell desde 1992; ele me conhece muito bem, inclusive todos os meus defeitos, e me ama mesmo assim. Muitas vezes nem preciso falar, ele já sabe do que eu preciso.

Ele me faz bem e me completa, cuida de mim e consegue despertar o que tenho de melhor. É muito bom investir e me dedicar a esse amor. Tenho como propósito levar o que vivo na minha relação, que não é perfeita, mas é feliz, para outras mulheres.

---

[3] Disponível em: https://www.acritica.net/editorias/cultura/filosofo-alain-de-botton-faz-palestra-em-sp-sobre-os-anseios-da-vida/338609/. Acesso em 13 jan. 2023.

Oro para que a sua melhor versão, que está se formando com a leitura deste livro, proporcione a você a oportunidade de viver um amor verdadeiro com o seu marido. Sabe aqueles que vemos nos filmes, de casais que foram felizes para sempre? Quero que você desfrute da construção diária dessa felicidade eterna.

Ainda sobre filmes, quero compartilhar algo interessante com você sobre o amor. Quando ele é mesmo intenso, mexe tanto com nossa vida que, com a morte do cônjuge, a vida parece não fazer mais sentido, principalmente em histórias longas de cumplicidade.

Um caso bem conhecido é o do cantor norte-americano Johnny Cash e sua esposa, a cantora June Carter. A história é retratada no filme *Johnny & June*.[4] Eles tiveram um relacionamento que se destacou não apenas por sua longevidade, mas também pela intensidade que compartilhavam.

O casal se conheceu no início da década de 60. Ambos eram muito famosos, com diversos prêmios. Eles compartilhavam uma conexão especial não somente como parceiros musicais, mas também como amigos e amantes. June Carter era vista como um grande apoio para Johnny em seus momentos difíceis, especialmente durante suas lutas contra a dependência química.

A morte de June devastou seu marido. Sua saúde já frágil piorou rapidamente após a perda da esposa. Johnny faleceu apenas alguns meses depois, em setembro de 2003. Sua morte foi amplamente atribuída à tristeza e ao coração partido após a perda de June. Essa história nos mostra a força do amor verdadeiro.

E A TAL DA PAIXÃO?

Histórias de romance podem ser aquelas que inspiram gerações ou aquelas com segundos de emoção. Surge, então a confusão entre amor e paixão. Paixão é uma emoção intensa e aguda, mas muitas vezes temporária. Para quem está apaixonado, é comum sentir-se deslumbrado pelo outro, querer passar muito tempo com a pessoa e sentir grande atração sexual.

---

[4] Filme de 2005 dirigido por James Mangold no estúdio 20th Century Fox. A trama, com o título original *Walk the Line*, foi estrelada por Joaquin Phoenix e Reese Witherspoon.

A fase da paixão é marcada por fortes emoções, atração física e uma sensação de euforia. Quem vive a paixão faz concessões em todas as circunstâncias e áreas da vida. É fácil nos lembrarmos daqueles jovens apaixonados, eles deixam qualquer coisa pela paixão.

> A paixão é a projeção sobre o outro do melhor que conseguimos enxergar no mundo e nas pessoas.

A paixão é a projeção sobre o outro do melhor que conseguimos enxergar no mundo e nas pessoas. Dizem que não é o amor que é cego, é a paixão, pois quem ama de verdade sabe dos defeitos e ama apesar deles. Na paixão, porém, ninguém quer conhecer os defeitos. A paixão é capaz de transformar, recalcular a rota e desviar o rumo da vida.

Um dos perigos da paixão é começar a idealizar o outro, ou seja, enxergar nele características conforme os seus parâmetros e expectativas, mas que não estão de acordo com a realidade. O parceiro idealizado é transformado em um personagem.

Em determinado momento, a paixão pode se transformar em amor. Quando isso acontece, primeiramente ocorre uma quebra da fantasia criada em relação ao parceiro. A projeção se torna um olhar fundamentado na realidade, com seus defeitos e suas virtudes.

Doutora Sue Johnson, uma grande mentora na minha vida, diz: "A paixão não é uma constante. O desejo naturalmente aumenta e diminui com os acontecimentos, as estações, a saúde, por mil razões. Essas flutuações, contudo, atingem um ponto nervoso na maioria de nós, e a menos que possamos falar delas abertamente, podem desencadear ou ampliar problemas de relacionamento".[5]

É importante ficarmos atentos a uma paixão indomável que prevalece sobre a sinceridade do amor. No entanto, um pouco de paixão é essencial todos os dias quando estamos em um relacionamento. Aliada a um amor sincero, profundo, conhecedor dos defeitos, qualidades e características do outro, a paixão pode ser muito benéfica no relacionamento. O ideal seria ela vir após a maturidade do amor.

A paixão pode ser o tempero da relação, aquilo que apimenta o amor, mantém o desejo de estar junto sempre, alimenta a admiração

---

[5] JOHNSON, Sue. *Abrace-me apertado*, p. 156.

e permite que o coração se incendeie sem perder a razão e o equilíbrio. Essa é a medida da paixão que existe dentro dos limites do amor. Essa é a paixão que você deve ter no seu relacionamento.

O TEMPERO QUE PODE ESTRAGAR A RECEITA DO AMOR: CARÊNCIA AFETIVA

Se tem algo que atrapalha a plenitude do amor é estar diante de uma carência, sentir falta de algo. A carência afetiva uma das características típicas de quem está procurando as coisas errados nos lugares e pessoas errados. Não adianta procurar no outro aquilo que falta em você.

A pessoa carente vive à espera da chegada do príncipe no cavalo branco. Ela pensa que ele lhe trará a felicidade e a plenitude que faltam em sua vida. A esta altura, você já aprendeu que sua felicidade não está no outro, certo?

Uma mulher que sofre de carência afetiva tem a necessidade de ficar perto daquele de quem ela depende. Quando está longe, sente-se vulnerável. Ela não entendeu que o amor de Deus nunca falha (leia Lamentações 3:22-24) e que ela é escolhida e amada por Ele (leia Efésios 1:3-6) e, por isso, vira mendiga do amor.

Mulheres carentes cobram constantemente demonstrações de carinho dos que as cercam. É comum que elas sejam vitimistas e exigentes nos relacionamentos. A carência afctiva pode se desenvolver logo nos primeiros anos de vida, principalmente pela falta de afeto por parte dos familiares. Contudo, o excesso de atenção e a superproteção também pode ter o mesmo efeito. Estas são algumas características da mulher com dependência afetiva:

- Coloca os outros em primeiro lugar, sempre disposta a renunciar à própria identidade para não ficar sozinha.
- Não acredita na possibilidade de existir sem o outro.
- Ciúmes e tentativas de controle excessivos.
- Visão negativa de si e positiva do outro.
- Mostra-se útil; resolve os problemas de terceiros e tenta se mostrar fundamental ao outro.
- Falta de objetivos pessoais e práticas individuais.
- Por medo do término do relacionamento, cria situações para "prender" o parceiro.

- Para manter esse vínculo, torna-se mais vulnerável e é capaz de suportar abusos físicos, psicológicos ou sexuais.

Sabe o que é mais triste na carência? Se, porventura, o relacionamento acabar, a pessoa partirá em busca imediata de um novo parceiro com as mesmas características (de modo inconsciente), pois acredita que, assim, receberá cuidado e amor. Ainda que tenha consciência de que aquele tipo de tratamento não é digno, inventa histórias para justificar as atitudes grosseiras do homem em quem está tentando suprir aquela carência.

Então, depois de identificar a carência, quais passos seguir? Em primeiro lugar, é necessário fazer uma autoanálise e autorreflexão. Entender nossas necessidades é fundamental para colocar cada coisa no devido lugar. Reflita sobre suas experiencias passadas para entender como elas moldaram a mulher que você é hoje. Pode doer, mas é necessário.

Em segundo lugar, pratique a autoaceitação. Já falamos muito sobre isso na segunda parte do livro, mas reforço que cuidar da sua autoestima será fundamental para que você não procure a felicidade onde não pode encontrá-la.

O terceiro passo é estabelecer limites e saber dizer não, como também já aprendemos. Dizer não para o outro em situações em que o seu bem-estar é colocado em jogo é dizer sim para você e não se maltratar. Conhecer os seus limites e respeitá-los é uma das formas mais importantes de amor-próprio.

Já o quarto passo tem a ver com as conexões saudáveis que você precisa buscar. É importante tentar se envolver com outras mulheres que possam potencializar sua melhor versão, servir em uma igreja e se sentir importante e com valor para o reino. Dedicar-se a estar mais próxima dos irmãos em Cristo e no Senhor, por meio da adoração, da comunhão e do serviço vai ajudá-la a encontrar alegria e satisfação.

Em quinto lugar, um passo fundamental, praticar o autocuidado. Dedique tempo a atividades que promovam o bem-estar emocional, como exercícios físicos, oração, *hobbies*, leitura ou qualquer coisa que lhe traga prazer e relaxamento.

Ser paciente consigo mesmo é o sexto passo. Você tem que saber que não vai mudar da noite para o dia. O processo de lapidação não é instantâneo. Por isso, você vai precisar se adaptar a essa nova fase.

O último e não menos importante é buscar ajuda profissional. Procure uma terapeuta para ajudá-la a lidar com questões emocionais, desenvolver estratégias de enfrentamento e fortalecer as habilidades emocionais necessárias, oferecendo meios para lidar com a carência afetiva de maneira saudável. É importante lembrar que todos nós merecemos relacionamentos saudáveis e apoio emocional adequado.

Você percebe como entender a si mesma é imprescindível para amar melhor o outro? A falta de autoconhecimento levará à frustração.

E agora que você sabe como amar a Deus acima de tudo e a como se amar, falaremos sobre como você pode demonstrar o amor pelo próximo através de suas falas e ações, de modo que você seja bênção na vida das pessoas.

Colocando em prática

Seguindo os ensinamentos deste capítulo, o que você pode colocar em prática em sua vida de forma rápida?

O que Deus falou com você ao ler essas páginas?

Versículo de lapidação

Quanto ao mais, irmãos, tudo o que é verdadeiro, tudo o que é honesto, tudo o que é justo, tudo o que é puro, tudo o que é amável, tudo o que é de boa fama, se há alguma virtude, e se há algum louvor, nisso pensai (Filipenses 4:8).

Vamos orar?

Aba, ajuda-me a entender e equilibrar a forma de amar. Livra-me de minhas dependências, afasta-me das minhas carências e me ajuda a buscar em ti aquilo que falta em mim. Amém!

Escrita terapêutica

Anote seus pensamentos, desejos e questionamentos acerca do capítulo e entregue suas palavras diante de Deus em oração.

• CAPÍTULO 17 •

COMUNICANDO O AMOR

A BÍBLIA REFORÇA que a mulher virtuosa "fala com sabedoria e ensina com amor" (leia Provérbios 31:26). Em Salmos 34:12,13 está escrito: "Quem de vocês ama a vida e deseja uma vida longa para ver o bem? Guarde a sua língua do mal e os seus lábios de proferir mentiras". Outro texto diz: "Pois todos tropeçamos de muitas maneiras. Se alguém não tropeça no falar, tal homem é perfeito, capaz de dominar também todo o corpo" (Tiago 3:2).

Já abordamos o poder da língua e tratamos do fato de que, além de trazer bênçãos, as palavras também podem trazer maldições. Darrell e eu escrevemos um livro específico sobre o tema chamado *Os seis segredos da comunicação*, e recomendo que você o leia para se aprofundar mais. De todo modo, não é possível falar de amor se não entendermos como podemos comunicar o amor.

Muita gente diz que ama com palavras, mas se esquece de amar com ações. Não adianta mandar mensagens de texto carinhosas se não dedicarmos tempo à pessoa a quem afirmamos amar. O autor francês Antoine de Saint-Exupéry, em seu clássico *O pequeno príncipe*, imortalizou esta simples, mas profunda, frase: "Tu te tornas eternamente responsável por aquilo que cativas".[1]

Então, em todos os nossos relacionamentos, não somente com o cônjuge, se cativamos, tornamo-nos responsáveis por comunicar o amor, cuidar dele e, de todas as formas possíveis, protegê-lo.

---
[1] SAINT-EXUPÉRY, Antoine de. *O pequeno príncipe*, p. 38.

Portanto, mesmo em meio às tarefas e às demandas do cotidiano, e eu sei o quanto as mulheres são atarefadas, temos de dedicar tempo e esforços àqueles a quem amamos, incluindo a Deus e nós mesmas.

Para isso, precisamos desenvolver uma comunicação assertiva, sábia e amorosa. Ela evita desentendimentos, frustrações, grosserias. A comunicação assertiva do amor previne que falemos por impulso e, como consequência, magoemos o outro. Ela mantém e nutre o amor.

A MELHOR FORMA DE SE COMUNICAR É SABER ESCUTAR

Talvez, ao ler o título desta seção, você tenha pensado: "Ah, pronto! Eu amo falar. Meu marido nem é de conversar tanto, então por que preciso escutar para demonstrar o meu amor por ele?". Mas, sim, amada. Você precisa aprender a escutar as pessoas.

Muitas de nós temos esse defeito. Não paramos para escutar as pessoas, para entendê-las, principalmente nosso cônjuge ou namorado. Estamos tão acostumadas a falar sem parar que não conseguimos ouvir atentamente. Enquanto o outro fala, a nossa mente já começa a fabricar uma resposta. Isso acontece com você?

Se sim, bem-vinda ao clube. Saiba: precisamos ter uma escuta atenciosa. Ouvir e escutar são duas atividades distintas. Ouvir refere-se à capacidade física de captar os sons; escutar envolve se concentrar na mensagem. Tem a ver com o emocional e verbal ao mesmo tempo. Envolve muita empatia, interesse genuíno pelo outro, assim como a preocupação de responder de maneira adequada.

Foi Joyce Meyer que, sobre isso, disse: "Às vezes, meu marido, Dave, está conversando comigo e escuto-o por um pouco de tempo; subitamente percebo que não ouvi uma palavra do que ele estava dizendo. Por quê? Porque permiti que minha mente divagasse para alguma coisa. Meu corpo estava lá, parecendo escutar, mas apesar disso, minha mente não ouviu nada".[2]

Para demonstrar amor, precisamos buscar a escuta ativa. Ela nos ajuda a construir relacionamentos sólidos e felizes. Então, quando alguém a quem você ama estiver falando, esqueça o celular, olhe-o

---
[2] MEYER, Joyce. *Campo de batalha da mente*, p. 58.

nos olhos e seja atenciosa. Demonstrar interesse no que as pessoas dizem faz que elas se sintam amadas, validadas e ouvidas.

SEJA TARDIO PARA FALAR

O texto de Tiago 1:19 nos orienta a ser tardios para falar, ou seja, esperar o tempo e a ocasião certos. Perdemos muitas coisas e nos arrependemos por causa da impulsividade. Quando, porém, não pensamos antes de falar, podemos causar consequências graves e irreversíveis, pois, depois que sai da boca, a palavra não volta mais.

Quantas brigas poderiam ter sido evitadas se você, antes de falar, tivesse respirado fundo, esperado um tempo para se acalmar, escutado o outro? No ímpeto, temos o hábito de usar palavras com a intenção de ferir e machucar. Contudo, uma vez que as palavras são proferidas, não podemos voltar atrás e reparar o que foi dito.

Acredito que as pessoas mais próximas de nós sejam as que mais sofrem injustamente como o alvo de nossa ira. Descontamos nelas problemas do trabalho, pessoais, familiares e conjugais. Como podemos dizer que as amamos se somos tão rápidas em dizer coisas que ferem? Precisamos desenvolver a sabedoria se queremos que as nossas palavras edifiquem, abençoem e deem vida.

As palavras são tão importantes que, das sete coisas que Deus detesta, três delas estão ligadas às palavras, conforme a Provérbios 6:16-19:

> Há seis coisas que o SENHOR odeia, sete que ele detesta: olhos altivos, *língua mentirosa*, mãos que derramam sangue inocente, coração que trama planos perversos, pés que se apressam para fazer o mal, *testemunha falsa que profere mentiras* e *aquele que provoca discórdia entre irmãos.*

Ou seja, além de ferir o outro, agimos contra a vontade do Senhor. Pecamos deliberadamente ao falar no momento da ira, mentir, instigar contenda.

É claro que manter o equilíbrio, controlar-se todas as vezes e não descer do salto são coisas difíceis para qualquer ser humano. No entanto, precisamos exercitar o hábito de nos atentar ao que falamos e como falamos. Temos de refletir o caráter de Cristo inclusive no modo de falar.

Escutei, certa vez, uma daquelas frases que nos impactam e mudam totalmente o rumo da nossa vida: "O primeiro a pedir desculpas é o mais corajoso. O primeiro a perdoar é o mais forte. E o primeiro a esquecer é o mais feliz". Portanto, tenha a coragem de ser humilde e reconhecer os seus erros. Tenha a força de perdoar aqueles a quem você ama. E, então, deixe para trás o que é negativo, para que você possa ser feliz.

> "O primeiro a pedir desculpas é o mais corajoso. O primeiro a perdoar é o mais forte. E o primeiro a esquecer é o mais feliz".

Pare e pense em quantas coisas você já falou e que, se pudesse, voltaria atrás e não falaria. Quantas pessoas você já magoou com palavras? Quantas pessoas afastou por sua incapacidade de segurar a língua ou de escutar atentamente? Você se desculpou? Se ainda não, talvez esta seja a hora de fazê-lo.

ÁGUA DOCE E AMARGA

Meu esposo, Darrell, costuma fazer uma reflexão ao final das imersões para casais que realizamos. Depois de seis horas de imersão, ele convida aqueles casais já transformados e restaurados para uma reflexão a respeito do que eles farão com tudo o que receberam naquele dia tão especial que o Senhor separou.

No Evangelho de João, encontramos o relato de que Jesus disse: "Quem crer em mim, como diz a Escritura, do seu interior fluirão rios de água viva" (João 7:38). A partir dessa passagem, Darrell conduz os participantes a refletirem se o que eles receberam vai continuar fluindo para a vida de outros casais, como aconteceu conosco, ou se aqueles casais vão reter o que receberam.

Em seguida, ele traz a história de do Mar Morto e do Mar da Galileia. De maneira lúdica, ele explica que o Mar Morto não tem vida. Lá não acontecem milagres, pois, tudo o que recebe, ele retém. Já no Mar da Galileia, diversos milagres são narrados na Bíblia. A diferença deste para o Mar Morto é que o da Galileia reparte tudo o que recebe. Por isso, dele fluem milagres.

Ao encerrar, ele explica que essa é uma decisão que os casais devem tomar. Eles podem optar entre reter o que viveram ou deixar fluir para abençoar outros casais. Da mesma forma, você tem a opção, neste momento, de reter ou deixar o amor que tem recebido fluir.

Você precisa assumir um compromisso consigo mesma de que da sua boca sairá apenas água doce, não amarga. Lembre-se que, da mesma fonte, não podem proceder água doce e amarga (leia Tiago 3:11). Decida, então, qual será a sua postura com relação às bênçãos que tem recebido neste tempo.

AS TRÊS FRASES QUE PODEM SALVAR RELACIONAMENTOS

Você já deve ter sido machucada por palavras duras, algumas até proferidas sem a intenção de causar danos, ditas por alguém que era ou é muito importante para você. Em situações como essas, parece que um trem passou por cima de nós. Ficamos completamente arrasadas, perdidas e frustradas.

Muitas vezes a nossa autoestima é afetada pela forma como os outros falam conosco. No entanto, na maioria das situações em que isso ocorre, temos o impulso de nos vingar e fazer o outro sofrer assim como nós estamos sofrendo. Desejamos usar as nossas palavras para machucar assim como fomos machucadas.

Contudo, quando amamos, a vingança não deve ter lugar. Quando amamos, precisamos nos inspirar na graça de Jesus e liberar perdão ainda que tenhamos sido feridas. Da mesma forma, temos de ser humildes e reconhecer que também vamos errar com aqueles a quem amamos. Por isso, podemos recorrer a três frases curtas, porém importantes para melhorar a comunicação nos nossos relacionamentos.

1. Eu errei
Essa pequena frase é tão difícil de proferir. Parece que nossos lábios travam. Contudo, aprender a reconhecer os nossos erros é necessário para os nossos relacionamentos. Quando admitimos nossos erros e falhas, começamos a entender que precisamos mudar e melhorar.

O engano de achar que você sempre está certa e que tudo é culpa do outro a coloca em uma situação cômoda naquele momento, mas muito prejudicial a longo prazo. Se você nunca assumir a sua responsabilidade, não abrirá espaço para melhorar, crescer e ser transformada pelo poder do Espírito Santo.

Comece a dizer "Eu errei" quando for necessário. Permita-se ser vulnerável e transparente. Se você ama, faça o que for preciso para crescer, melhorar e amar do modo correto.

2. Me perdoe

Depois de assumir os erros, pedir perdão é o próximo passo. Novamente, é uma atitude que requer humildade, transparência e vulnerabilidade. Precisa, além disso, de sinceridade. De nada adianta pedir desculpas se o nosso coração não está verdadeiramente arrependido. O arrependimento verdadeiro nos leva a mudar de rota para não cometer o mesmo erro.

Muitas pessoas até admitem os erros e sentem remorso, porém, se não sentirem arrependimento genuíno, voltarão a ferir. Relacionamentos saudáveis dependem de pedido e liberação de perdão genuínos. Ao pedir perdão com sinceridade, você começa a pavimentar um caminho.

3. Eu amo você

Essa linda frase é muito comum na época do namoro, mas infelizmente muito esquecida no dia a dia de pessoas em relacionamentos amorosos mais longos. Em outros tipos de relacionamento, como pais e filhos, amigos, irmãos etc., a frase é mais rara ainda.

Dizer "Eu amo você" pode mudar tudo; demonstrar que realmente ama pode mudar muito mais. O conjunto dessa frase com as ações que a refletem transforma relacionamentos. Temos de valorizar aqueles a quem amamos e demonstrar, de todas as maneiras possíveis, o que eles significam para nós. O amor renova, revigora e fortalece.

Portanto, lembre-se dessas três frases simples e use-as para melhorar a saúde das suas relações. Se necessário, escreva-as em um papel e cole-as em algum lugar visível. Repita-as para si mesma quando for necessário. Diga-as àqueles a quem você ama e com quem deseja crescer em intimidade.

> **"Eu errei."**
> **"Me perdoe."**
> **"Eu amo você."**
> @marciaedarrell

Colocando em prática

Seguindo os ensinamentos deste capítulo, o que você pode colocar em prática em sua vida de forma rápida?

_____
_____
_____
_____
_____

O que Deus falou com você ao ler essas páginas?

_____
_____
_____
_____
_____

Versículo de lapidação

> Meus amados irmãos, tenham isto em mente: Sejam todos prontos para ouvir, tardios para falar e tardios para irar-se (Tiago 1:19).

Vamos orar?

> *Paizinho, sei o quanto o mau uso da minha língua tem atrapalhado minha vida. Ajuda-me a compartilhar amor ao falar, agir ou caminhar. Que da minha boca flua um rio de vida para quem me encontrar e principalmente para aquele homem que quero que complete comigo a minha família e o teu propósito em minha vida. Ajuda-me a ser bênção para essa geração. Amém.*

Escrita terapêutica

Anote seus pensamentos, desejos e questionamentos acerca do capítulo e entregue suas palavras diante de Deus em oração.

◆ C A P Í T U L O   1 8 ◆

AMANDO "OS PRÓXIMOS"

No meio cristão, ouvimos constantemente sobre "o próximo". A melhor reflexão sobre quem é o nosso próximo está na parábola do bom samaritano (Lucas 10:25-37).

Existem muitos "próximos" a quem devemos amar. E, acredite, muitos deles serão desafiadores. Por isso, precisamos abrir espaço para que o Espírito Santo trabalhe em nós e nos ensine a amar como Jesus ama e a enxergar as pessoas como Ele as enxerga, pois está escrito: "Amados, amemos uns aos outros, pois o amor procede de Deus. Aquele que ama é nascido de Deus e conhece a Deus" (1João 4:7).

Temos de amar apesar dos conflitos, das críticas, das ofensas, das diferenças culturais e sociais. O amor à luz da Bíblia não se trata apenas de palavras doces. O amor é uma decisão que deve ser feita intencionalmente, mesmo em meio às dificuldades. Mais adiante em 1João 4, nos versículos 20 e 21, lemos:

> Se alguém afirmar: "Eu amo a Deus", mas odiar o seu irmão, é mentiroso, pois quem não ama o seu irmão, a quem vê, não pode amar a Deus, a quem não vê. Ele nos deu este mandamento: quem ama a Deus ame também o seu irmão.

Algumas pessoas exigem de nós mais compaixão, empatia e, principalmente, paciência. Contudo, lembre-se que elas também são filhas amadas do Pai. Que o sacrifício de Jesus na cruz também foi feito para que elas tivessem a vida e a salvação. Precisamos olhá-las com os olhos de Cristo. E isso se aplica mesmo quando o outro é aquele que dizem ser o mais difícil de se relacionar: a sogra.

QUANDO O OUTRO É A MINHA SOGRA

O casamento não é apenas a união de uma pessoa à outra, mas também das famílias. Elas levam consigo a bagagem familiar e o convívio com as pessoas que fazem parte daquela família. A família do seu marido se torna a sua também.

Você com certeza já ouviu falar, ou até mesmo viveu, de mulheres que tiveram conflito com a mãe do marido, a sogra. As motivações costumam ser ciúmes, medo de que outra mulher "roube" o espaço de exclusividade na vida do filho, assim como achar que a nora não é boa o suficiente. Algumas sogras não conseguem entender e se adaptar à mudança, por isso se intrometem na relação do filho ou se afastam por completo.

No primeiro caso, diferenças de expectativas e costumes, intromissão, desacordos na criação dos filhos, inconveniência, conflitos de valores, falta de limites e invasão de privacidade são motivos para grandes brigas na relação de uma mulher com sua sogra. Para algumas, a sogra se torna uma verdadeira inimiga.

Se você passa por uma situação semelhante, talvez a ideia de amar a sua sogra pareça difícil e distante. Lembre-se, porém, que Jesus nos ensinou a amar os nossos inimigos e orar por aqueles que nos perseguem (leia Mateus 5:44). Pode ser que você precise se esforçar mais do que com relação às outras pessoas, mas, ainda assim, tem de aprender a amá-la.

Sei que algumas mães exageram e não deixam seus filhos crescerem. Muitas delas acabam desenvolvendo uma dependência emocional do filho, ou o contrário. Você deve honrá-la e respeitá-la apesar de todas as diferenças, mas também deve deixar claro para o seu marido, de maneira amorosa e compreensiva, que existem limites na relação.

Aqui estão alguns conselhos para abrir portas no relacionamento com a sua sogra:

1. Trate bem o seu parceiro

A melhor maneira de se dar bem com a sogra é se dar bem com o filho dela. Ela se sentirá segura se vir que você o trata com respeito, carinho e admiração. Não há alegria maior para uma mãe do que ver seu filho feliz.

2. Escute atentamente sua sogra

Ao nos dispor a ouvir o outro, nós descobrimos o que se passa na mente e no coração das pessoas. Se você buscar entender o motivo que leva a sua sogra a ser hostil, suas reações poderão ser mais adequadas. Tente enxergar as coisas do ponto de vista da sua sogra.

3. Identifique os motivos pelos quais sua sogra se preocupa

Pode ser carência, tristeza por perder o "bebê" dela, necessidade de atenção, a sensação de ser desnecessária ou desvalorizada, por exemplo. Vá a fundo, mesmo que você não goste da sua sogra. Pergunte a seu marido, se você se sentir confortável, ao seu sogro, e a ouça falar também.

4. Aprenda a respeitá-la

Você precisa dedicar a ela o mesmo respeito que espera receber. Você tem, sim, todo o direito de se sentir irritada. Contudo, é responsável pela maneira como reage. A forma como ela fala e age com você diz respeito a quem ela é, não a quem você é. Se, porém, você reagir de maneira dura, estará no mesmo nível dela. Demonstre respeito ainda que ela não a tenha respeitado. Com o tempo, ela será impactada por seu comportamento.

5. Defina alguns limites

Ainda que você precise ser flexível em algumas situações, a vida é sua. Se você não quer que ela apareça sem avisar, dê chocolate aos seus filhos antes do almoço ou faça planos para a família toda sem consultar você, explique de maneira educada, mas firme, que você não quer que ela faça isso. Se ela insistir, recuse-se a participar dos planos dela e informe-a o porquê. Uma comunicação clara é fundamental nessas situações.

6. Peça, não exija

Relações saudáveis com a sogra não são construídas a partir de exigências, mas de pedidos. Nunca pense que ela é capaz de adivinhar o que se passa na sua mente. Por isso, o diálogo e as coisas claras são importantes para uma boa relação.

7. Acima de tudo, ame

Jesus afirmou que há maior felicidade em dar do que em receber (leia Atos 20:35). Praticar isso com a sua sogra abençoará a vida dela. Elogie as qualidades dela e seja gentil quando ela precisar de ajuda. Uma pergunta muito apropriada para fazer a ela é: "De que maneira posso ajudar você?". Essa pergunta é uma demonstração de amor, significa que, por amor, você está disposta a servi-la.

Se, mesmo depois de seguir esses conselhos, a situação continuar insuportável e estiver afetando o seu relacionamento, busque aconselhamento pastoral ou ajuda profissional. Só não desista de demonstrar e amar.

QUANDO O OUTRO É O MEU FILHO

De todos os meus papéis, o mais desafiador e empolgante é ser mãe. Uma função de 24 horas por dia, 365 por ano, sem folga, férias nem salário. Comecei a exercer esse papel no nascimento da minha primeira filha e não vou me aposentar nunca. Até o último dia serei mãe, e preciso amar esse próximo tão chegado a mim.

Os filhos são bênção, não maldição. Eles vêm para nos alegrar e nos dar um sentido a mais na vida. Muitas vezes, porém, temos nos aperreado e aborrecido demais. Mesmo sendo mães, algumas de nós temos proferido palavras erradas quando falamos dos nossos filhos e, por isso, dado mais legitimidade ao Diabo do que honrado a Deus.

Saiba: eles são herança do Senhor, bênçãos de Deus em sua vida. Precisamos vê-los dessa forma e nos apegar a essa certeza independentemente da fase desafiadora que estejam vivendo. Nas palavras da Bíblia: "Os filhos são herança do Senhor, e os frutos do ventre, uma recompensa" (Salmos 127:3).

O Darrell e eu escrevemos um livro para que todas as mães e pais lembrarem-se de não criar seus filhos para o mundo.[1] Nele falamos da nossa missão de educá-los conforme os propósitos do Criador, para que eles façam diferença no mundo, em vez de se misturar com o mundo.

Eu sei que ser mãe não é fácil. Sei que muitas vezes os filhos nos tiram do sério. Contudo, quero dar-lhe alguns segredos que aprendi na minha experiência.

O primeiro é que precisamos ser mais transparentes com eles, mais vulneráveis, e, quando errarmos, precisamos ter a maturidade de dizer: "Filho, a mamãe errou. Perdão". De acordo com Brené Brown, "a vulnerabilidade não é fraqueza, é o coração mais forte que temos. É a coragem para viver com a ausência de certeza, de abrir-nos à dor, para sermos verdadeiras".[2]

O segundo segredo para demonstrar amor para seus filhos é não ser a mãe cobradora, que somente faz imposições, por isso afasta os filhos. Se os seus filhos a virem somente como uma mãe chata, controladora e exigente, eles sentirão que não têm abertura para contar com você para outras coisas e ficarão cada vez mais reclusos.

A comunicação é o oxigênio de qualquer relação, e precisamos investir nela. Então, o terceiro segredo é usar com os seus filhos a comunicação afetiva, assertiva e amorosa. Eles precisam, sim, respeitá-la, mas também precisam que você os respeite.

Em quarto lugar, deixe bem claro, que entre ser mãe e ser amiga, você escolheu ser mãe. Eles precisam enxergá-la como autoridade espiritual, e isso é uma forma de amor e proteção para eles.

A melhor forma de esbanjar amor é cobrindo seus filhos com carinhos, abraço, beijos, afeto. Seja um porto seguro para os filhos. Faça de tudo para que eles saibam que o seu amor por eles é incondicional.

No entanto, nenhum segredo é mais importante do que apresentar seus filhos para Deus e apresentar Deus para seus filhos. Por isso, ore por eles. Ensine-os sobre os caminhos do Senhor. Compartilhe

---

[1] MARINHO, Márcia; MARINHO, Darrell. *Não crie seu filho para o mundo*: um guia prático de criação de filhos segundo os planos de Deus. São Paulo: Hagnos, 2023.
[2] BROWN, Brené. *Daring Greatly*: How the Courage to Be Vulnerable Transforms the Way We Live, Love, Parent and Lead. Nova York: Avery Publishing Group, 2012, p. 27.

os milagres, as histórias bíblicas, nada é mais importante do que os aproximar do maior amor do mundo.

QUANDO O OUTRO É A MINHA AMIGA

Amizades saudáveis oferecem suporte emocional, encorajamento e compreensão. Elas podem nos ajudar no nosso crescimento espiritual e emocional. Somos seres sociais, não fomos criadas para estar isoladas, e as amizades são braços fortes que nos ajudam na jornada da vida.

Amizades trazem alegria e companhia, proporcionam momentos de diversão e a construção de memórias afetivas. Eu tenho amigas que estão comigo desde a infância. É muito bom poder olhar nossos filhos hoje e comparar as histórias que vivemos no passado com o que temos visto.

Quando você tem uma amiga verdadeira, tem um espaço seguro para compartilhar suas dores, dificuldades e anseios, alguém com quem pode se abrir. A Bíblia nos ensina, em Tiago 5:16: "Portanto, confessem os seus pecados uns aos outros e orem uns pelos outros para serem curados. A oração de um justo é poderosa e eficaz". É para essa amiga que muitas vezes confessaremos uma tentação para não viver em pecado ou falaremos de um dilema.

Não sei se você tem alguma amiga assim. Se não tem, convido você a escrever o nome de cinco mulheres que a inspiram e que exalam o bom perfume de Cristo na sua vida, mulheres com quem você gostaria de conviver mais.

1. _____
2. _____
3. _____
4. _____
5. _____

Agora, seja intencional. Busque conversar com essas mulheres, investir tempo nessa amizade e dedique-se ao que realmente vai te fazer bem, para que cresça de maneira saudável e seja frutífera.

QUANDO O OUTRO É UM COLEGA DE TRABALHO

Em um ambiente de trabalho, os conflitos são, até certo ponto, normais. Afinal, os colaboradores geralmente possuem valores e costumes muito diversos. As diferenças de personalidade, a falta de comunicação assertiva, a divergência de opiniões e a competição por cargos tornam muitas relações profissionais hostis.

Contudo, como mulheres cristãs, precisamos amar os nossos colegas de trabalhos, os nossos superiores e aqueles com quem nos envolvemos no decorrer da carreira. Temos de ser a diferença. As pessoas precisam olhar para nós e ver o reflexo da luz de Cristo.

Lembre-se: não é o ambiente que nos faz, somos nós que fazemos o ambiente. Então, antes de ser uma profissional, você é a filha amada de Deus. Portanto, as suas atitudes no trabalho têm de refletir a sua filiação. Tenha uma comunicação respeitosa, aja sempre com prudência e sabedoria e aprenda a resolver conflitos. Em todo momento, pergunte a si mesma: "No meu lugar, o que Jesus faria?".

> Não é o ambiente que nos faz, somos nós que fazemos o ambiente.

Além disso, faça conexões no trabalho com pessoas que possam ajudá-la a crescer profissionalmente. Aproxime-se das pessoas em quem você se inspira, cujos princípios éticos e morais estejam alinhados com o seu.

QUANDO O OUTRO É ALGUÉM NECESSITADO

Um dos grandes diferenciais do ministério terreno de Jesus é o cuidado com os mais necessitados. O olhar de Cristo alcançava os mais rejeitados, negligenciados, enfermos e feridos. Quando nos entregamos a Jesus, recebemos o chamado de mostrar compaixão àqueles que precisam. Precisamos ser os pés e as mãos de Jesus se desejamos nos aproximar da mulher que Deus nos designou a ser.

O amor ensinado por Jesus não se trata de igrejas cheias e frases bonitas nas redes sociais. Trata-se de demonstrar amor por meio de ações impactantes na vida dos que mais precisam. Nós devemos cuidar dos necessitados por obediência ao mandamento de Jesus, para sermos mais parecidas com Ele, por solidariedade e por amor. Ao ensinar sobre a responsabilidade social, Jesus disse:

> — Então, o Rei dirá aos que estiverem à sua direita: "Venham, benditos do meu Pai! Recebam como herança o reino que foi preparado para vocês desde a criação do mundo. Pois eu tive fome, e vocês me deram de comer; tive sede, e vocês me deram de beber; fui estrangeiro, e vocês me acolheram; necessitei de roupas, e vocês me vestiram; estive enfermo, e vocês cuidaram de mim; estive preso, e vocês me visitaram".
>
> — Então, os justos lhe responderão: "Senhor, quando te vimos com fome e te demos de comer, ou com sede e te demos de beber? Quando te vimos como estrangeiro e te acolhemos, ou necessitado de roupas e te vestimos? Quando te vimos enfermo ou preso e fomos te visitar?".
>
> — O Rei responderá: "Em verdade lhes digo que tudo o que vocês fizeram a algum desses meus pequenos irmãos, a mim o fizeram" (Mateus 25.34-40).

Para ser mais parecidas com Jesus amando os necessitados, precisamos cuidar, ajudar, tratar e doar sem interesses de aparecer ou como esperando que recebamos algo em troca. Se amamos a Deus verdadeiramente, esse amor se refletirá ao nos relacionarmos com o próximo.

> Se alguém tiver recursos materiais, vir seu irmão em necessidade e não se compadecer dele, como pode permanecer nele o amor de Deus? Filhinhos, não amemos da boca para fora, mas com ações, isto é, amemos verdadeiramente (1João 3.17,18).

A religiosa Teresa de Calcutá (1910-1997) disse: "Precisamos das mãos de Cristo para tocar esses corpos feridos pela dor e pelo sofrimento. O amor intenso não mede, apenas dá".[3]

Você precisa olhar com os olhos de Jesus para as pessoas que precisam de ajuda, cuidado e bondade e amá-las por meio de suas

---

[3] CALCUTÁ, Madre Teresa de. *Amor maior não há*, p. 21.

atitudes. Estas são algumas formas como você pode demonstrar amor aos mais necessitados:

- *Doação material.* Oferecer comida, roupas, itens de higiene pessoal ou para o lar pode ser uma boa opção para suprir as famílias.
- *Trabalho voluntário.* Doar seu tempo para organizações sem fins lucrativos, igrejas ou projetos sociais que atendam pessoas com situação de vulnerabilidade.
- *Visitação.* Você pode se candidatar em programas de voluntariado social em hospitais e casas de repouso, oferecendo apoio emocional a pessoas solitárias.
- *Oração.* Essa é a arma mais poderosa da mulher cristã. Então, no seu caderno de oração, escreva o nome das pessoas necessitadas por quem você vai orar por provisão em algum período específico.
- *Doação do seu ensino.* Pode haver algo que você faça muito bem na sua profissão, ou alguma habilidade manual. Você pode dar aulas em cursos de creches ou escolas públicas como forma de capacitar a nova geração.

Nunca se esqueça de exercer a compaixão e empatia. Demonstrar o amor ao próximo é muito mais do que um mandamento, é um reflexo do amor de Deus. Uma forma de sermos mais parecidas com Ele.

Depois de entender como amar a tantos tipos de "próximos", quero agora trazer aquele que será o mais próximo, o homem da sua vida, uma só carne com você: como amar o seu marido.

Colocando em prática

Seguindo os ensinamentos deste capítulo, o que você pode colocar em prática em sua vida de forma rápida?

O que Deus falou com você ao ler essas páginas?

Versículo de lapidação

> Se alguém afirmar: "Eu amo a Deus", mas odiar o seu irmão, é mentiroso, pois quem não ama o seu irmão, a quem vê, não pode amar a Deus, a quem não vê. Ele nos deu este mandamento: quem ama a Deus ame também o seu irmão (1João 4:20-21).

Vamos orar?

Paizinho, ajuda-me a me relacionar melhor com todos aqueles que me cercam. Sabes dos meus desafios, daquelas pessoas mais difíceis que rondam minha vida, e quero pedir que me faças enxergar o que de melhor cada pessoa tem, e que elas também recebam de mim aquilo que eu tenho de melhor para dar. Amém.

Escrita terapêutica

Anote seus pensamentos, desejos e questionamentos acerca do capítulo e entregue suas palavras diante de Deus em oração.

• CAPÍTULO 19 •

QUANDO O PRÓXIMO É QUEM DEUS ESCOLHEU PARA SER UMA SÓ CARNE COMIGO

Logo no início, a Bíblia diz que o homem deixará pai e mãe e se unirá a sua mulher e que os dois serão uma só carne (leia Gênesis 2:24). Foi assim que aconteceu a primeira cerimônia de casamento. Já no Novo Testamento, na Carta aos Efésios, Paulo compara o casamento entre marido e mulher como o amor de Jesus por sua igreja, tamanha a importância que do matrimônio tem para Deus (leia Efésios 5:22-33). Deus é o maior patrono do casamento e, por esse motivo, o matrimônio deve contemplar espaço para o amor estar presente.

Outra coisa que o meu marido, Darrell, costuma fazer quando ministra sobre romance para os casais é dizer que toda mulher sofre de uma síndrome, a síndrome da Disney. Ele explica que, quando crianças, elas usavam vestido, um laço na cabeça e adorariam ser princesas.

Na adolescência, os hormônios começam a agir. As garotas começam a sonhar com o príncipe encantado chegando em um cavalo branco. E, claro, quase todo homem parece um príncipe no primeiro encontro. Se você estiver em um relacionamento, deve se lembrar que, no primeiro encontro, ele fazia de tudo para seduzir e conquistar você, um verdadeiro lorde.

Todavia, os anos se passam e, certa noite, essa mulher acorda e o príncipe sumiu. Na verdade, quem está do lado dela é o cavalo. Por que será que as mulheres não conseguem achar seu príncipe encantado e acabam envolvidas com um "cavalo"? Vários fatores podem colaborar para isso, como a pressa, a falta de oração, de discernimento, a carência afetiva, entre outros.

Se você está na fase de busca pelo seu príncipe, saiba que a oração e o tempo para conhecer e analisar o perfil do seu futuro marido serão os seus maiores aliados. No atendimento a casais, tanto na terapia quanto em mentorias e congressos, tenho aprendido que o divórcio começa no namoro, quando os sinais aparecem e um deles escolhe ignorar.

> O divórcio começa no namoro, quando os sinais aparecem e um deles escolhe ignorar.

A vantagem de não ter se casado ainda é que você pode se separar caso se depare com características que não a agradam ou perceba que ele não tem o mesmo propósito que você. Entrar em um relacionamento conjugal sabendo que as crenças, o propósito e os princípios não estão alinhados é extremamente prejudicial e vai contra os princípios bíblicos. O apóstolo Paulo escreveu:

> Não se ponham em jugo desigual com os descrentes. Pois o que têm em comum a justiça e a iniquidade? Ou que comunhão pode ter a luz com as trevas? Que harmonia há entre Cristo e Belial? Que há em comum entre o crente e o descrente? (2Coríntios 6:14,15).

Não entre em um relacionamento com alguém que não compartilha os mesmos valores que você esperando que ele mude. Na verdade, não entre em um relacionamento e não se case esperando que o outro mude. Se o seu namorado tem uma característica de que você não gosta, não há garantia alguma de que ele vai mudar no casamento.

Certa vez, uma irmã me pediu um conselho sobre o namoro, e eu perguntei como era relação de seu namorado com a mãe dele. Ela respondeu que era péssima. Eles viviam brigando, gritando um com o outro. Então, ela disse: "Um dia ele estava muito estressado e disse que acabou a empurrando. Não sei como eles conseguem viver assim!". A moça continuou dizendo que o temperamento dele era complicado, o que a assustava, mas que era carinhoso com ela quando estavam a sós.

Você já deve ter imaginado que eu perguntei se ela queria uma resposta que trata ou agrada. Ela respondeu que queria a que trata. Então, falei: "Corra! Se ele agride a mãe dele, que o colocou no mundo, imagine o que ele vai fazer com você quando se casarem".

Quando não estamos plenas no amor a Deus e a nós mesmas, corremos o risco de procurar um homem pelas razões erradas. O pastor T. D. Jakes alerta:

> Mulher, se você ama como uma princesa, certifique-se de que não vai unir-se a um sapo! Nem todos os sapos se transformam em príncipes ao serem beijados. O princípio do acasalamento exige que a união seja conforme a espécie de cada um.[1]

Na sequência, ele afirma que, se você não se atentar a isso, passará o resto da vida tentando transformar o sapo em príncipe.

Você já ouviu dizer que, quando cuidamos do nosso jardim, naturalmente as borboletas aparecem nele? Então cuide de si mesma, cuide do seu jardim. Um dia, você terá o seu príncipe, não se engane com os sapos. Busque sabedoria, proximidade com Deus e autoconhecimento. Siga o conselho dado em Cantares 2:7 e não desperte o amor antes do tempo.

Estudos científicos comprovam que pessoas em relacionamentos amorosos vivem mais e melhor[2]. O matrimônio é, sim, um presente de Deus para os homens, e precisamos cultivá-lo amando e sendo amadas. No entanto, em muitas situações as mulheres não têm conseguido ser plenas em seus relacionamentos amorosos, principalmente devido ao que trabalhamos aqui no livro: o fato de não amarem a Deus em primeiro lugar e também não amarem a si mesmas verdadeiramente.

O relacionamento cristão não é como na famosa peça da atriz Zezé Polessa intitulada "Não sou feliz, mas tenho marido". Como

---

[1] Jakes, T. D. *A Dama, seu amado e seu Senhor*, p. 148.
[2] Disponível em: https://institutodepsiquiatriapr.com.br/blog/bons-relacionamentos-sao-a-chave-para-uma-vida-longa-aponta-estudo/. Acesso em: 22 dez. 2023.

dizemos no meio evangélico: Tá repreendido! Você merece ser feliz e amada em sua principal relação: o casamento. E às vezes, amar quem a conhece melhor pode ser difícil. É uma pessoa que a vê em seus momentos mais íntimos, que experimenta em primeira mão quem você é de verdade quando as portas de casa se fecham depois de um dia de trabalho cansativo. Por isso, você precisa também amar o outro com quem você partilha a vida: o seu marido.

ENTENDENDO OS VOTOS DO CASAMENTO

Sou grande apreciadora de cerimônias de casamento. Uma das partes que sempre me emocionam muito é quando o celebrante fala dos votos do casamento. Normalmente o casal repete algo como: "Prometo ser fiel, amar-te e respeitar-te, na alegria e na tristeza, na saúde e na doença, na riqueza e na pobreza, por todos os dias da nossa vida." Que lindo!

Embora os votos possam variar, geralmente incluem promessas mútuas de amor, fidelidade, respeito, apoio e compromisso para toda a vida. A celebração firmada nos votos nos ensina sobre amor incondicional e apoio mútuo, porque é assim que deve ser a vida a dois.

Quando colocamos Jesus como elo da nossa história, passamos a viver um casamento conforme os planos de Deus e tudo muda. Não vai ser um relacionamento perfeito, porque não existe esse tipo de relacionamento na terra, mas pode ser feliz, sim. Entender os votos e procurar vivê-los proporcionará a base para fortalecer sua relação para os desafios da vida.

ESQUEÇA A IDEIA DE RELAÇÃO PERFEITA

Muitas mulheres vivem frustradas porque têm exigido do marido aquilo que ele não pode dar e por buscarem algo que nunca encontrarão em seu relacionamento. Foi Fernando Pessoa, em seu livro *Vivendo melhor*, que disse: "Enquanto não atravessarmos a dor da nossa própria solidão, continuaremos a nos buscar em outras metades, para viver a dois antes é necessário ser um".[3] A expectativa é a mãe da

---

[3] PESSOA, Fernando. *Vivendo melhor: poemas de amor*, p. 5.

frustração. Quando nos enchemos de expectativas acerca de nosso relacionamento com um ser imperfeito, nosso marido, a chance de frustração é grande.

Não se iluda com o modelo de amor vendido pelas suas influenciadoras nas redes sociais, que têm maridos lindos, amáveis, que as presenteiam. Isso é o que elas postam, mas será que é o que vivem? A cada dia vemos desmoronar relacionamentos que pareciam ter sido tirados dos contos de fadas. Temos, então, de nos lembrar de que as pessoas só mostram o que é conveniente.

O casamento não é um mar calmo de alegrias. Por esse motivo, é importante sermos realistas e escolhermos manter os votos e o propósitos do casamento. Para tanto, cada vez mais, um relacionamento íntimo com Deus é fundamental, de modo que vai permitir que você derrame amor no seu lar. É do que estamos cheias que iremos transbordar para quem convive conosco.

AS ESTAÇÕES DO CASAMENTO

Existe, sim, muita pressão em uma relação entre marido e mulher. Sempre digo que somente Deus é capaz de unir duas figuras tão diferentes quanto Darrell e mim. Além das personalidades distintas, há fases nas quais cada um enfrentará seu próprio desafio, assim como no seu casamento.

Para ilustrar melhor, escolhi um formato proposto pelo renomado autor norte-americano Gary Chapman,[4] pois é inspirador no tema dos relacionamentos. Ele destaca quatro fases do casamento, cada uma com suas características e seus desafios. De modo didático, ele comparou as fases do matrimônio com as estações do ano e destacou que é preciso reconhecer e compreender seu papel em cada uma das fases, ajustando-se para superar desafios e manter a saúde e a felicidade do relacionamento, um alvo que todas nós devemos buscar.

Primavera: o desabrochar do amor
É a estação dos recém-casados, aqui a maioria ainda não tem filhos. Nesse período há muita empolgação na vida a dois. Na primavera,

---

[4] Todo este tópico foi inspirado na leitura de: CHAPMAN, Gary. *As quatro estações do casamento*. São Paulo: Mundo Cristão, 2006.

você percebe se cumpriu adequadamente as tarefas do namoro e noivado, tendo ou não surpresas desagradáveis.

Nessa fase, é possível descobrir hábitos que podem nos irritar, comportamentos não esperados e valores diferentes. A primeira grande lição do casamento é aceitar o cônjuge como ele é, em vez de tentar transformá-lo na pessoa que esperávamos que fosse.

Verão: a época de muita atividade no casamento

Quando os filhos chegam é como se fosse verão: muita agitação. O verão é mais ativo. Se você tem filhos pequenos, sabe que é verdade: noites mal dormidas, olheiras, idas ao pronto socorro por conta viroses, cólicas e mais uma infinidade de sustos que surgem com um bebê pequeno.

Aqui, balancear trabalho, filho e família é um grande desafio. Por isso é importante que você e seu marido sejam um só, para que as demandas que a sobrecarregam não a levem a um esgotamento. Divisão de tarefas e tempo a sós com seu cônjuge são importantes para estimular o amor, o companheirismo e, ao mesmo tempo, evitar que você carregue fardos pesados demais para carregar sozinha – porque você não deve, afinal de contas, você e seu marido dividem a vida, isso significa dividir tarefas, não apenas o leito.

Outono: tempo de mudanças

Nessa fase, temos adolescentes em casa. É comum ser uma época de tempestades. Começamos a nos preocupar com os filhos de maneira mais séria, pois eles estão saindo e se conectando com outras informações e amizades.

Aqui, entende-se que vocês estejam casados há um bom tempo. É normal que, ao longo dos anos, as pessoas mudem. Quer em comportamentos, em pensamentos, porque tudo é parte do amadurecimento.

Talvez seja a fase mais exaustiva do casamento para marido e esposa. O grande desafio é fazer valer os votos do altar, apoiar e encorajar um ao outro.

Inverno: o ambiente seguro e o ninho vazio

Com menos atividades, há mais tempo em casa para ler, viajar, passear, curtir ou desejar netos. Para muitos, é a oportunidade de renovar o amor e o romance.

Em alguns casos, por falta de cuidado nas estações anteriores, infelizmente temos visto aumento do número de divórcios nessa fase da vida. Às vezes, quando os filhos deixam a casa, os cônjuges dirão que não há mais assuntos em comum porque não construíram uma relação sólida. Como viveram para os filhos, descobrem serem dois estranhos nessa fase.

Saiba que não existe casamento quebrado que não possa ser consertado nem relacionamento tão bom que não possa ser melhorado. Ficar atenta às fases, amar e cuidar do seu casamento será fundamental para chegar no final e saber que valeu a pena.

TRÊS COISAS QUE TODO MARIDO DETESTA EM UMA MULHER

Na vida a dois, há erros dos dois lados, e em muitos casos é difícil admitir seus enganos. Por isso, tendo como base nossas pesquisas com homens que nos seguem nas redes sociais, nossos congressistas e nossos pacientes de terapia de casal no Setting Terapêutico, apresentarei as principais queixas em relação às esposas.

Atualmente, muitos maridos desprezam e não têm interesse por suas esposas e elas não compreendem o motivo, pois somente enxergam o defeito que existe neles, esquecendo-se de seus próprios. Saiba, porém, que a mudança sempre tem que partir de nós. Muitas mulheres não vivem a melhor estação do seu casamento, porque ainda não olharam para seu interior em busca de quais melhorias implementar.

Leia os pontos a seguir sobre as insatisfações dos homens no casamento e liberte-se da sua versão desatualizada para alcançar sua melhor versão.

1. Mulher carente, que se faz sempre de vítima
Sabe aquela mulher sofredora, triste, cabisbaixa, sobrecarregada, chorona e reclamona? O marido não consegue conviver com ela porque ela acha que ele é o Muro das Lamentações de Israel. Ela vive como se dependesse do marido para tudo, não consegue fazer nada sem ele, e o pressiona quando ele não está em casa, porque acredita sinceramente que a felicidade dela só é possível com a presença dele. Esse tipo de mulher costuma ter o hábito de falar coisas como: "Eu só sou feliz com você" e "A minha felicidade depende de você".

2. Mulher negativa, ganhadora do prêmio de pessimista do ano

Algumas mulheres são um poço de negatividade, sugam toda energia positiva, basta chegar perto dela para se desmotivar: a comida queimou, o gás acabou, o menino adoeceu, a tia está entre a vida e a morte, fulana teve câncer. E ela ainda acha que a vida ruim vai piorar! Você não aguenta ficar perto, parece até que aquilo pega.

Ela passa o dia assistindo programas policiais e, claro, retrata o que vê. É insuportável conviver com uma pessoa assim. Ela só leva problemas para o marido. Ele chega em casa e quer refúgio para descansar, mas fica desnorteado porque sabe que só ouvirá problemas.

3. Mulher escandalosa, aquela do barraco

Mais do que qualquer outra coisa, um marido precisa de uma parceira e companheira com que oportunidade compartilhe sonhos, tristezas e alegrias. Confie no seu cônjuge e permita que ele viva livre, sem tanta cobrança, confusão e briga. Seu marido tem de se sentir bem com você, rir; o relacionamento tem de ser vivo e feliz, não tenso e com brigas. Esqueça-se do ditado popular: "Dou um boi um boi para não entrar em uma briga e uma boiada para não sair dela"; seja pacificadora e evite barracos para não afastar o homem da sua vida.

O QUE OS HOMENS ESPERAM DE SUAS MULHERES

Existe, sim, uma lista interminável de coisas que podemos fazer para agradar e nos aproximar do nosso marido. Como também há uma, talvez até maior, do que eles podem fazer para nos agradar e se aproximar de nós. Apresento, a seguir, um pouco daquilo que os homens esperam, para você analisar se está na direção certa e se o ama como ele espera receber amor. Talvez algo possa ser feito para corrigir, melhorar ou fortalecer essa relação.

A primeira coisa que todo homem deseja é sexo. Sim, essa foi fácil. Contudo, não desejam apenas o ato sexual em si, mas tudo que envolve a vida sexual de um casal. Então, a mulher que vive de cara feia, impede qualquer tentativa de aproximação do marido e vive com dor de cabeça não cria desejo nenhum, só afasta seu cônjuge.

Companhia é a segunda coisa que o homem deseja. Pense que todo menino pequeno tem um melhor amigo que está sempre com ele: brinca, corre junto, joga bola, para quem ele conta seus segredos. A essência do menino quando fica adulto é querer uma companhia para aventuras, conversas e poder viver os melhores momentos. Você pode ser essa companhia se souber usar isso a seu favor.

O terceiro item que eles desejam é compartilhar seu sonho, conversar, falar sobre os objetivos dele e ter uma mulher que também sonhe e compartilhe suas metas. A conquista é algo sempre muito importante para os homens.

Outro desejo masculino é por diversão. Já viu mulher contando piada? Não é comum. Normalmente são os homens que fazem isso, porque a diversão é importante para eles. Estar carrancuda o tempo todo só afasta o seu marido.

O homem também quer segurança, quer sentir que está naquela relação sem sombras, medos, senhas escondidas nem conversas ocultas. Ele quer saber no que e com quem está envolvido. Por isso, ele vai desejar muito mais uma mulher que o deixe tranquilo, sem subterfúgios. Seja um livro aberto para conquistar ainda mais seu amor.

Algo que maridos não resistem e é demasiadamente importante para uma relação é uma mulher que sabe elogiar, que enaltece as qualidades dele, fala do quanto ele é bom nisso ou naquilo. Só com palavras, ela o conquista e o deixa atraído por ela.

Nada se compara, porém, com o respeito. A Bíblia já nos ensina que o homem quer respeito (leia Efésios 5:33); essa é a linguagem de amor do seu cônjuge e é fundamental para qualquer relacionamento. É importante que você respeite o seu parceiro e as opiniões dele mesmo que você discorde delas.

SEGREDOS PARA A INTIMIDADE VERDADEIRA

Muitas mulheres têm uma vida sexual satisfatória com seu marido e acham que isso é ter intimidade. Entretanto, para amar de verdade, precisamos avançar na intimidade. Para ajudar você nessa área, apresentarei, a seguir, os segredos da intimidade real na sua vida a dois.

O primeiro dos segredos é a intimidade intelectual. Grande parte da nossa vida se passa em nossa mente, no nosso pensamento. Temos desejos, coisas que gostaríamos de experimentar ou obter. Eles podem girar em torno de dinheiro, comida, saúde, atualidades, música ou igreja. Talvez não sejam itens tão importantes, mas revelam o que se passa na nossa mente durante o dia. Você tem conversado com seu cônjuge sobre os seus pensamentos? Ter prazer de descobrir o que se passa na cabeça do nosso cônjuge é a essência da intimidade intelectual; a conversa não é apenas sobre trabalho, filhos e crises, mas sobre entender o que o outro pensa.

Outro segredo importante em um casamento é a intimidade emocional. Ela existe quando você se sente apoiada e cuidada por seu cônjuge; vocês compartilham mágoas, alegrias e a sensação de que cada um está genuinamente interessado no bem-estar do outro. Se eu sei que o cachorro da minha vizinha morreu, sinto tristeza. Se vejo o carro da polícia descer a rua, sinto apreensão. Meu marido toca minha mão e sinto-me amada. Compartilhar sentimentos constrói intimidade emocional. Permitir que seu marido tenha acesso a seu mundo interior significa estar disposto a dizer: "Estou com muito medo", ou "Sinto-me muito feliz hoje". Essas declarações são importantes para gerar intimidade.

Todo ser humano é social, e a intimidade social é o próximo segredo. Acontecem coisas o dia todo: pessoas falam e fazem coisas, e tudo isso interfere em nossa vida. Darrell e eu precisamos conversar sobre isso, pois, quando compartilhamos, sentimos que somos parte do que acontece com o outro. Quando vocês são socialmente íntimos, têm muitos amigos em comum, fazem coisas juntos como casal e isso gera lembranças mais vivas.

Também somos criaturas espirituais, como não se pode negar. Então, precisamos de intimidade nessa área. A pergunta é: estamos dispostos a compartilhar essa parte de nossa vida com quem amamos? Para ter intimidade espiritual, são necessários três passos:

1. Vocês precisam crer no mesmo Deus.
2. A crença precisa ser importante/significativa para sua vida.
3. Vocês precisam contar honestamente um ao outro o estágio em que estão em sua própria busca espiritual.

Orar juntos é outra maneira de construir intimidade espiritual. Temos estimulado casais a orarem juntos e oferecemos a #OracaoDoCasal,[5]

---

[5] Para se cadastrar, deixe uma mensagem em minhas redes sociais.

como forma de estimular casais a terem esse hábito juntos. Orar apaixonadamente pelo relacionamento do seu cônjuge com Deus pode ser uma experiência extremamente íntima. Faça desse um hábito.

O segredo mais esperado pelos homens, porém, é a intimidade sexual. A verdadeira intimidade sexual envolve mais do que o mero desempenho no ato em si. Quando há intimidade sexual, vocês se sentem confortáveis um com o outro e não veem essa atividade como rotina. Homens e mulheres veem a intimidade sexual de maneira diferentes. Para o marido, mais vale tocar e olhar, enquanto para esposa é mais importante se sentir amada, apreciada, cortejada. As características de um relacionamento sexualmente íntimo são interesse genuíno, satisfação e capacidade de discutir questões relativas ao sexo.

É essencial reforçar que não é possível separar a intimidade sexual da intimidade emocional, intelectual, social e espiritual. Não podemos alcançar a intimidade sexual sem intimidade nas outras áreas da vida. Muita gente acha que se um casal se dá bem na cama, há intimidade, mas isso está bem longe de ser verdade. O objetivo não é simplesmente fazer sexo, mas experimentar proximidade e atingir um senso de satisfação mútua. Um ingrediente primordial da intimidade é permitir que seu cônjuge seja ele mesmo, sem obrigá-lo a aceitar seus ideais à força.

O que nos impede de ter verdadeira intimidade é o egoísmo. Quando o foco está apenas em nós, perdemos a intimidade que poderia melhorar muito nosso casamento.

CÓDIGOS PARA DEIXÁ-LO LOUCO POR VOCÊ

Quer que seu marido seja louco por você? Seu sonho é vê-lo com os quatro pneus arriados? Sim, toda mulher sonha que seu marido a ame apaixonadamente. Então, coloque em prática os códigos a seguir e se prepare para ter maior satisfação na sua vida a dois.

1. Tome a iniciativa
Toda mulher gosta de ser galanteada, cortejada e desejada pelo homem da sua vida, mas em muitas situações ele ficará apaixonado quando você conquistá-lo. Muitas mulheres se acostumaram a ser passivas e perderam o poder da iniciativa. Não há nenhum problema

em expor seus desejos pelo seu marido; não é pecado. Entenda que nem sempre você precisa esperar por ele.

2. Seja direta
Os homens funcionam de modo muito diferente das mulheres. Com a mulher, é preciso fazer duas voltas para chegar aonde queremos, mas com os homens não: se você quer algo, seja clara e fale para ele, ou ele não chegará a lugar algum.

Atente-se ao exemplo. O marido fez algo errado com a esposa ontem. Hoje, ela está de cara feita e ele pergunta o que aconteceu, ao que ela responde: "Nada, não foi nada". Na verdade, o que uma mulher deseja nesse caso é que o marido insista, pergunte, insista mais, fale novamente enquanto ela faz biquinho.

Todavia, não é isso que acontece. Como ela falou que não foi nada, o marido realmente entendeu que não é nada e relaxou. A pergunta que fica é: como ela quer que ele entenda se ela não foi clara? O diálogo precisa ser direto. Ela deveria ter dito: "Amor, você falou daquela forma e não me senti amada, não gosto quando você age assim."

Mulher, se você quer algo, diga com todas as letras!

3. Mande uma mensagem
Faça um joguinho com seu marido, mande mensagens durante o dia que estimulem a imaginação dele sobre o que você quer ofertar à noite. Homens adoram jogos, se forem de sedução, melhor ainda.

Comece com: "Amor, hoje à noite tenho uma surpresa especial para você". Uma hora depois, você envia: "Pensei em termos um tempo só nosso". Mais uma hora e: "Comprei uma lingerie nova". A mente dele já vai começar a imaginar e a criar um terreno fantástico para o que vai acontecer.

4. Escolha uma lingerie especial
Como homens são muito visuais, uma roupa de baixo bonita e atraente pode fazer toda a diferença para criar um clima especial. Além disso, se for nova e especial, ainda vai melhorar a sua autoestima.

5. Entregue-se
Nada de brincar de estátua na hora da relação sexual, à espera do que ele vai fazer. Se você quer deixar seu marido mais apaixonado,

essa é a hora de você fazer da noite de amor algo inesquecível. Sexo é uma oportunidade de queimar calorias e é um presente divino para o casamento (leia 1Coríntios 7:3-5). Pense em novidades e apimente sua relação, mas lembre-se que tudo me é permitido, mas nem tudo convém (1Coríntios 6:12). Encontre algumas sugestões de ideias em nosso canal da TV A2, que tem uma série de aulas gratuitas sobre amor e sexo aos olhos da Bíblia para casais.

6. O foco é ele

Se você quer deixar seu marido totalmente apaixonado, veja o que ele mais gosta, o que dá mais prazer para ele. Se não ferir a Palavra de Deus nem for humilhante para você, mas tiver seu consentimento, repita aquilo de que ele gosta e faça ele se sentir bem e feliz. Isso vai fazer que ele deseje você cada vez mais.

É muito bom amar e ser amada e creio firmemente que isso faz parte da nossa essência como mulheres, pois fomos criadas para tal. A Bíblia afirma que o marido deve amar sua esposa assim como Cristo amou a Igreja e se entregou por ela (Efésios 5:25). Nossa principal linguagem de amor é nos sentirmos amadas.

Existem, contudo, desafios para a construção desse amor. No próximo capítulo, apresento como lidar com alguns deles. Você pode passar por desafios diferentes dos que estão listados, não seria possível esgotar esse assunto, pois as provações que uma mulher pode enfrentar são inúmeras. Espero, porém, que os princípios citados possam ajudá-la a encarar o que você vive ou que possam ser um meio de você ajudar outras mulheres acerca dos temas abordados

Colocando em prática

Seguindo os ensinamentos deste capítulo, o que você pode colocar em prática em sua vida de forma rápida?

O que Deus falou com você ao ler essas páginas?

Versículo de lapidação

Por essa razão, o homem deixará pai e mãe e se unirá à sua mulher, e eles se tornarão uma só carne (Gênesis 2:24).

Vamos orar?

Pai, oro neste momento pelo meu casamento [namoro/noivado]. Que tu blindes minha casa, minha família, meu marido [namorado/noivo], com tua mão santa e protetora. Afasta de nós todo mal, direciona nossa relação em teu caminho e me ensina a ser uma esposa [namorada/noiva] melhor. Amém.

Escrita terapêutica

Anote seus pensamentos, desejos e questionamentos acerca do capítulo e entregue suas palavras diante de Deus em oração.

• C A P Í T U L O   2 0 •

OS DESAFIOS DO AMOR AO CÔNJUGE

Seu marido tem dificuldades em ouvir, não aceita opiniões, principalmente a sua, reclama de tudo e se considera sempre o dono da razão? Você convive com um homem que em nada se compara com Jesus Cristo? Está em uma relação que a consome?

Neste capítulo, quero destacar como amar mesmo em meio aos desafios e como reconhecer uma situação de violência para que possa sair dela.

COMO LIDAR COM UM MARIDO NÃO CRISTÃO

Sem dúvida, a jornada de amor de uma mulher cristã é muito mais difícil quando seu marido não compartilha da mesma fé. Quando os dois não estão alinhados no mesmo propósito, naturalmente a relação pende para algum lado.

O marido deveria ser o sacerdote do lar e aproximar sua casa de Deus, mas muitas vezes é quem mais atrapalha e reclama porque a esposa vai à igreja. Infelizmente, essa situação é mais comum do que pensamos. Se você vive um relacionamento desse tipo ou conhecer quem esteja em um, talvez esta leitura seja ajuda para essa missão.

Em 1Coríntios 7:13, diz: "Se uma mulher tem marido descrente, e ele se dispõe a viver com ela, não se divorcie dele". O versículo seguinte afirma que "o marido descrente é santificado pela mulher" (v. 14). Por isso, é importante sermos luz em nossa casa. Abandone qualquer pensamento de deixar o seu marido e coloque no seu coração o desejo de ser a pessoa usada por Deus para levar luz ao seu lar. O lado cristão do relacionamento tem a oportunidade de mudar sua família. Não desista! Tampouco culpe seu marido. Vamos colocar a mão na massa, lutar, orar e conseguir.

Para ajudar, deixo, a seguir, algumas dicas poderosas que, quando colocadas em prática, ajudarão você nessa missão.

1. Cuidado para não fazer o que não é função sua

> Seu marido somente será completamente seu quando você o entregar totalmente ao Senhor.

Muitas mulheres querem tomar o lugar do Espírito Santo e, em vez de ajudar, atrapalham. Lembre-se de que seu marido somente será completamente seu quando você o entregar totalmente ao Senhor.

2. Seja imagem e semelhança de Cristo no seu lar

O que tenho para falar é duro; então, tenha em mente que é para tratar, e não para agradar. Meu *sincerômetro* diz a você: a sua postura pode afastar ou aproximar seu marido de Jesus, por isso viva conforme o fruto do Espírito — amor, alegria paz, amabilidade, bondade, fidelidade, mansidão e domínio próprio (Gálatas 5:22-23). Esses são os atributos que precisamos usar em nosso dia a dia. Se você estiver fazendo o contrário, saiba que vai afastá-lo do Senhor.

3. Não faça de Jesus concorrente do seu marido

Muitas mulheres fazem o marido pensar que, por elas estarem apaixonadas por Jesus, se esqueceram do cônjuge. Ocupam-se com as tarefas da igreja e não dão atenção ao marido. Com isso, ele criará aversão a tudo que o remeta a Jesus, já que ela não foi sábia e criou uma concorrência entre as atividades da igreja e a vida matrimonial.

4. Ame

O amor constrange. Independentemente da reciprocidade, não mude sua essência. Você é imagem e semelhança de Deus, a menina dos olhos dele e deve refletir o amor divino todo o tempo. Sobre isso quero compartilhar com você um dos meus versículos preferidos da bíblia que está em Gálatas 6:9: "E não nos cansemos de fazer o bem, pois no tempo próprio colheremos, se não desanimarmos".

5. Seja estratégica

Às vezes, seu marido precisa criar uma conexão com amigos cristãos maduros na fé que possam ser influência positiva para que seu cônjuge perceba o agir de Deus na vida deles. Faça amizades importantes, leve seu marido para perto de pessoas que agreguem valor, não que o levarão para caminhos desvirtuosos.

6. Ore, ore e ore pela conversão do seu marido

Nada é mais poderoso que a oração. Proponha-se a orar diariamente por seu cônjuge para que ele entregue a vida a Cristo.

Agora que você tem as dicas, coloque-as em prática e observe atentamente as mudanças que ocorrerão na sua casa.

Sabemos também que alguns casos são mais complicados, porque não podemos controlar outras pessoas, elas têm vida e pensamentos próprios. Além disso, infelizmente não podemos nos responsabilizar pela escuridão que assola a mente e espírito dos outros, como o alcoolismo, o vício ou a maldade.

Por isso, entenda que as dicas e casos aqui são adaptáveis, e que em situações mais sérias, é necessário tomar outras medidas. Veremos um pouco mais sobre isso a seguir.

COMO LIDAR COM UM MARIDO ALCOÓLATRA

Antes de abordar o álcool em si, informo que a maior parte do que tratarei aqui pode se relacionar com outros tipos de vícios, como substâncias psicoativas ilícitas, fumo, jogos, pornografia ou jogos de azar. O problema do vício pode atacar qualquer pessoa, independentemente de cor, raça, classe social ou sexo, e é muito mais comum do que pensamos.

Segundo a Organização Mundial da Saúde (OMS), existem mais de seis milhões de alcoólatras no Brasil[1]. Em nosso país, o consumo de álcool é mais elevado do que muitos países do mundo.

---

[1] Disponível em https://www1.folha.uol.com.br/equilibrioesaude/2023/08/o-aumento-do-consumo-excessivo-de-alcool-no-pais.shtml. Acesso em: 20 dez. 2023.

Não imagine que somente acontece longe de você. Pessoas que se sentam na sua frente ou ao seu lado na igreja estão passando por essa dificuldade neste momento. Muitas mulheres sofrem com maridos alcoólicos, homens que amam a bebida mais do que amam sua própria casa e até mais do que a família. A Bíblia nos ensina: "Não se embriaguem com vinho, que leva à libertinagem, mas sejam cheios com o Espírito" (Efésios 5:18).

O alcoolismo destrói a saúde, o casamento, o desempenho sexual, a produtividade no trabalho e escraviza a pessoa em um inferno total. Ele bebe para se esquecer da dor, não para se sentir bem. Algo está em falta no coração dele, o qual ele tenta suprir com a bebida.

O problema com a bebida tem vários estágios. Primeiro, beber para socializar; depois, para relaxar. Em seguida, para se sentir mais solto e, finalmente, começa a beber para se esquecer dos problemas.

Para um casamento vencer o alcoolismo, são necessários alguns passos.

1. Ele precisa admitir ser alcoólico

Quem não admite ter um problema de vício não vai procurar ajuda nem vai mudar. Essa é, talvez, uma das partes mais difíceis em lidar com alguém com vício: assumir ter um problema significa lidar com ele, e quem está viciado normalmente se vicia justamente para não precisar com certos problemas, é como um escapismo.

Por isso, tenha persistência nesse tópico, busque ajuda se necessário de familiares e amigos. Sua rede de apoio deve ser intensiva aqui, a fim de ajudar seu marido também.

2. Procurar grupos de apoio

Um grupo dos Alcoólicos Anônimos ou um grupo de recuperação baseado nos doze passos e existente em muitas igrejas pode ser o caminho.

Além disso, busque pessoas que orem pelo seu marido, pela sua família. Toda ajuda em oração somada à ação é bem-vinda.

3. Ele precisa se responsabilizar por seus atos

É preciso deixar que o alcoólico arque com as consequências do vício. Se for multado, deixe que pague pelo prejuízo; se vomitar pela casa, deve limpar. Você não pode ser a pessoa a pagar o preço por um vício que não é seu.

4. Enfrentem o problema

Converse. Deixe claro o quanto o álcool está prejudicando o matrimônio e a família e que, se ele não tomar uma postura e decidir aceitar ajuda, vai naufragar todos os sonhos de ter uma família saudável com a qual vocês sonharam um dia.

5. Nunca, jamais, em tempo algum apoie o ato alcoólatra dele

Não participe com ele de uma mesa com bebida nem tome um gole, porque não pode dar brecha para algo que quer destruir sua família.

Deixe sempre claro o quanto você reprova aquela ação, e ainda assim o ama. Odeie o pecado, não o pecador. Seja luz de Cristo na vida do seu marido, mas não caia no pecado junto com ele, como Adão fez com Eva.

6. Não discuta com ele bêbado

Jamais discuta com seu cônjuge enquanto ele estiver bêbado. Se ele ameaçar sair de casa, deixe. Quando os efeitos da bebida passarem, ele voltará. Imponha-se para que ele perceba que a embriaguez pode fazê-lo perder tudo que tem.

7. Ele vai precisar se render a Jesus

A rendição ao Senhor acontece mediante o agir de Deus. Ore continuamente para que o Espírito Santo faça o que somente Ele pode fazer.

Lembre-se sempre que Deus é amor, mas também é justiça. Você pode amar seu cônjuge, mas precisa amar a si própria primeiro. Então, estipule as regras certas e peça ajuda se houver algum tipo de violência. Não fique em silêncio. Você pode orar, mas não pode fazê-lo mudar à força. O alcoolismo é uma doença e deve ser tratado como tal. Em caso de violência contra a mulher, ligue 180, na Central de Atendimento à Mulher, ou para o 190, a polícia.

O PERIGO DAS RELAÇÕES TÓXICAS

Toda mulher sonha com uma linda história de amor. Nós queremos ser amadas, pois nascemos para isso. Faz parte da nossa essência de filhas amadas do Deus todo-poderoso que nos criou para amarmos e sermos amadas.

Infelizmente, porém, muitas mulheres vivem seus piores pesadelos na relação que deveria ser seu maior sonho realizado. A situação é muito comum, e o pesadelo normalmente não começa de uma hora para outra, mas é uma escala crescente, de modo que se forma aos poucos e, sem perceber, você acaba envolvida em um problema de difícil solução.

Este tópico foi escrito para que você tenha a possibilidade de avaliar se a relação em que vive apresenta um ou mais desses sinais. Caso você ainda não viva uma relação amorosa com o homem da sua vida, esses alertas são muito importantes para que você possa reconhecer um problema futuro antes de firmar o matrimônio. Você também pode ajudar outras mulheres a reconhecerem os sinais de alerta que serão apresentados.

- *Primeiro alerta:* dentro do relacionamento, seu marido, namorado ou noivo tem desvalorizado seus sonhos, ridicularizado seus objetivos e metas. Aquele que deveria ser o primeiro a colocá-la para cima é o que afunda seus sonhos com frequência. Se ele joga a pá de cal sobre o que você planeja, é um mau sinal.
- *Segundo alerta:* você percebe que mudou muito, mas não foi para melhor. Se hoje, ao fazer uma autoanálise, você entende ser uma mulher pior do que era antes do relacionamento, isso é preocupante, porque o relacionamento amoroso deveria levá-la a frutificar, mas causou seu apodrecimento. Essa é a realidade de muitas relações tóxicas.
- *Terceiro alerta:* você se esqueceu de se amar e de se cuidar. Se, na sua relação, você é um zero à esquerda e fica em segundo plano, é claro que o relacionamento não é saudável.
- *Quarto alerta:* seu cônjuge sempre fala que você está exagerando e não valoriza seus sentimentos. Se tudo que você diz é considerado "manha", ou "pantim" como se diz na minha terra, isso é perigoso.
- *Quinto alerta:* você já desistiu de ser feliz nessa relação por esgotamento. Você não pede mais atenção, carinho, beijos, afagos, pois já desistiu do título de "mendiga do amor", uma vez que sofreu em demasia de tanto pedir carinho como se pede esmola.
- *Sexto alerta:* mesmo depois de tudo, você finge que nada aconteceu, porque "é melhor se calar para não brigar". Você é fria,

não sente mais emoção, mas finge ser feliz na igreja, com os amigos, para família e até posta fotos nas redes sociais como se fossem o casal perfeito.

SETE SINAIS DE QUE VOCÊ ESTÁ EM UM RELACIONAMENTO ABUSIVO, MAS NÃO ENXERGA

Há casos em que o amor pode virar dor, ódio e um grande problema para a mulher. Reservei este espaço para deixar um alerta, não somente para você, mas para todas as mulheres a seu redor com as quais você possa compartilhar este aprendizado para apoiar, libertar e proteger cada uma delas.

Nesta geração em que a violência contra as mulheres está cada vez mais comum e o número de feminicídio cresce, devemos ter cuidado. A violência nunca começa em um grande estopim; o abuso cresce e piora. Quando menos esperamos, estamos enredadas dentro da nossa própria casa.

Dados mostram que 40% das mulheres assassinadas no Brasil são vitimizadas em sua própria casa e que, a cada dia, dez mulheres são assassinadas. Oito em cada dez vítimas são mortas pelo companheiro ou por um ex-companheiro[2].

O Brasil é o quinto país do mundo em casos de morte violenta de mulheres[3]. No nosso país, é registrada uma denúncia de violência contra a mulher a cada dois minutos[4]. Infelizmente muitos outros casos não são denunciados. Para espanto de todos, 40% das violentadas são evangélicas[5], com o agravante de que muitas vezes elas se recusam a denunciar o agressor, presas na esperança de que eles mudem.

---

[2] Disponível em: https://g1.globo.com/monitor-da-violencia/noticia/2023/03/08/numeros-de-uma-tragedia-anunciada-10-mulheres-assassinadas-todos-os-dias-no-brasil.ghtml. Acesso em: 20 dez. 2023.

[3] Disponível em: https://vestibular.uol.com.br/resumo-das-disciplinas/atualidades/feminicidio-brasil-e-o-5-pais-em-morte-violentas-de-mulheres-no-mundo.html. Acesso em: 20 dez. 2023.

[4] Disponível em: https://www.correiobraziliense.com.br/brasil/2020/10/4881286-a-cada-2-minutos-uma-mulher-e-agredida-no-pais.html. Acesso em: 20 dez. 2023.

[5] Disponível em: https://jc.ne10.uol.com.br/colunas/jamildo/2023/03/15188996-pesquisadora-diz-que-40-das-vitimas-de-violencia-domestica-sao-evangelicas.html#:~:text=Pesquisadora%20diz%20que%2040%25%20das%20vítimas%20de%20violência%20doméstica%20são%20evangélicas. Acesso em: 20 dez. 2023.

É essencial que compreendamos que um relacionamento abusivo não necessariamente é um casamento com violência física. Muitas vezes, o abuso se manifesta com violência psicológica, moral, sexual e financeira. É comum também que nem sempre o homem se mostre como agressor, mas tenha aparência de príncipe encantado. É recorrente que existam ótimos momentos juntos, com diversão, passeios e muito carinho. A mulher se sente feliz com a relação até que o homem seja contrariado de alguma forma, pois é nesse momento que ele coloca as garras para fora e a deixa com medo.

Para ficar mais claro, listei, a seguir, sete sinais de abuso, que nem sempre são enxergados pelas mulheres.

1º sinal: Você tem medo
Não é normal ter medo do seu namorado, noivo ou marido. Não importa qual tipo de medo, seja de que ele grite com você, seja de que ele aja com grosseria, de que fale algo para machucá-la, de que ele a abandone, ou, na pior situação, de que ele use de força física para agredi-la. Nenhum medo pode existir.

2º sinal: Ele é extremamente ciumento e possessivo
Uma desculpa muito comum que os homens usam para o ciúme é que "amam demais" e têm medo de perdê-la. Se o ciúme for do tipo doentio e controlador, fique atenta. Controlar a roupa que você veste, controlar aonde você vai ou deixa de ir, monitorar com quem você conversa, olhar e revirar tudo e, em muitos casos, proibi-la de trabalhar — todos esses são indicadores de risco.

3º sinal: Ele quer que você se afaste de quem você ama
O abusador quer ter controle e exclusividade sobre você, como se, em vez de humana, fosse um objeto só dele. Assim, você não terá mais familiares nem vida social e amigos. Isso não é saudável.

4º sinal: Ele deprecia você
Com palavras que destroem a sua autoestima, ele faz você acreditar que não tem valor e diz que, se você se separar dele, não vai encontrar mais ninguém que a ame ou deseje. Você perde a vaidade, o ânimo, a vontade de sair e até de viver, passando a imaginar que ninguém a ama e que ele é muito bonzinho porque a aceita e tolera – mas não ama.

5º sinal: Ele controla todo o dinheiro da casa

Você não tem acesso às entradas e saídas, nem pode opinar ou perguntar o salário dele ou a respeito dos gastos. É muito comum o marido não permitir que você gaste dinheiro com nada e ainda afirmar que você deve economizar, porque o dinheiro é dele. Ele também diz que, se você se separar, não conseguirá se manter sozinha. A esposa vive das esmolas dele.

6º sinal: Abuso sexual

Existe, sim, sexo sem consentimento dentro dos casamentos. Quando você não quer, mas o marido não aceita e faz chantagem ou usa da força física. Isso é abuso.

7º sinal: Violência física ou psicológica

Você sofre de abuso físico ou psicológico e precisa de ajuda médica e/ou policial. A violência física costuma começar com ameaças e gritos; evolui para alguns gestos como pequenos tapas, empurrões e vai crescendo. O mais perigoso é quando ele se mostra arrependido, pede desculpas e você aceita.

Ao apostar no amor, você realmente acredita que ele vai mudar, que ele estava de cabeça quente, mas não é assim. Esse é o perigo, pois muitas vezes ele quer você se sinta culpada pelo comportamento agressivo dele. Na próxima oportunidade, porém, ele agride de novo e é cada vez mais violento.

Ao perceber algum desses sinais, encerre o relacionamento, ainda que você acredite amar esse homem. Já, se você sofreu violência, não tenha medo de denunciar. Ligue para o 180 e vá a uma delegacia da mulher. Busque forças em Deus e tenha coragem de dar o primeiro passo. Não é bonito apanhar; pelo contrário, é completamente contra o plano divino para sua vida, pois você amada dele, filha preciosa do Pai celestial.

Sei que é muito difícil tomar uma atitude, principalmente quando você se vê presa, dependente, sem ter aonde ir, com filhos e sem renda ou tem medo das ameaças sofridas. Procure uma amiga de confiança, uma pessoa da sua família, um líder da sua igreja. Tome uma atitude antes que seja tarde demais. Vergonha, medo de expor o agressor ou dificuldade para se sustentar financeiramente são alguns dos motivos que levam mulheres a não relatar violências que aumentam a cada dia.

Como na igreja se prega o perdão, pois sabemos que todos devem ser perdoados, muitas vezes a mulher se agarram a isso e não denunciam o agressor. Elas se esquecem de que a Bíblia não diz que você é obrigada a ficar do lado de quem pode lhe matar. Sim, o perdão existe, mas não pode impedir que o agressor sofra as consequências de seus pecados, pois existem leis (leia Romanos 13:1-7) que devem ser seguidas. A proteção da vida não é algo com o qual podemos brincar. Precisamos procurar por ajuda.

Não fique só! Lembre-se de que, para amar a Deus acima de todas as coisas, você não deve se permitir ser violentada, pois a violência não honra a Deus. Você também só pode amar ao próximo se amar a si mesma, e viver presa no abuso não é amor.

Querida, você é filha amada do Soberano. Ele morreu por você na cruz, tomou todos os seus pecados por amor. Ele foi crucificado não para que você vivesse uma vida de amargura, e sim para que se alegrasse no Altíssimo.

Nestas páginas, você aprendeu que amar a Deus acima de todas as coisas a torna apta a amar a si mesma e aos outros. Por isso, porque você aprendeu a amar o Senhor com todo o seu coração, é que não faz sentido se manter em relações que vão contra o que Cristo preparou para você.

É necessário saber quando abrir mão, quando o que você pode fazer é orar e perdoar, mas você não é a Mulher Maravilha. Cristo, sim, é maravilhoso e pode mudar até o mais duro dos corações. Porém, saiba seu limite. Saiba respeitar-se, como vimos no capítulo 10. Saiba como se amar, como discutimos no capítulo 10. Saiba como amar o próximo sem se invalidar no processo, como vimos na Terceira Parte deste livro.

Temos até aqui, amada, todas as chaves e ferramentas para ser a mulher que sempre quisemos ser! Você não precisa carregar fardos pesados que não a cabem, porque Jesus já pagou todo o preço.

Viva a vida ao lado de Cristo e transborde o amor dele, sem levar consigo a mágoa, o amargor, o rancor, a baixa autoestima e a falta de amor-próprio e para com os outros.

Caminhamos para o fim do livro, e oro para que as mensagens que vimos até agora sejam bênção na sua vida, na sua história.

Busque ajuda do alto, porque Deus é bom e ouve as nossas orações.

Colocando em prática

Seguindo os ensinamentos deste capítulo, o que você pode colocar em prática em sua vida de forma rápida?

O que Deus falou com você ao ler essas páginas?

Versículo de lapidação

E, se uma mulher tem marido descrente, e ele se dispõe a viver com ela, não se divorcie dele. Pois o marido descrente é santificado por meio da mulher, e a mulher descrente é santificada por meio do marido. Se assim não fosse, seus filhos seriam impuros, mas agora são santos (1Coríntios 7:13,14).

Vamos orar?

Pai Amado, tu conheces minhas batalhas, sabes o que preciso vencer cada dia em meu relacionamento. Ajuda-me a refletir tua imagem. Que meu parceiro veja em mim, através de palavras e ações, alguém que segue fielmente o exemplo de Jesus. Amém.

Escrita terapêutica

Anote seus pensamentos, desejos e questionamentos acerca do capítulo e entregue suas palavras diante de Deus em oração.

CONCLUSÃO

BEM-VINDA À SUA NOVA E MELHOR VERSÃO

A jornada que você percorreu comigo neste livro está relacionada à bondade grandiosa do Senhor, que escolheu nos acompanhar aonde formos (leia Salmos 23:6b). A Bíblia nos ensina que Deus está atento para fortalecer aqueles que dedicam totalmente o coração a Ele (leia 2Crônicas 16:9). Esta é a minha busca e deve ser a sua: dedicar-me de todo o coração, amar a Ele inteira e intensamente.

Este livro apresentou a você aquilo que tenho buscado para minha vida também, uma vez que ainda não alcancei a plenitude do que me foi proposto (leia Filipenses 3:12), mas estou certa de que não vou desistir.

Você chegou até aqui e eu a parabenizo por isso e a agradeço pela companhia. Este foi o início de uma jornada e nem tudo vai se resolver rapidamente. Cada pessoa está em um estágio diferente, foi salva em um momento diferente, passou por situações diversas. Ninguém tem a mesma história. Cada uma vai avançar em uma velocidade distinta, e Deus tem um plano personalizado para cada vida, o que inclui uma jornada para você e uma para mim. Então, não se cobre para ter uma transformação completa da noite para o dia no processo de lapidação da mulher que você quer ser.

Eu me sinto muito amada quando leio Jeremias 1:5: "Antes de formá-lo no ventre eu o escolhi; antes de você nascer, eu o separei e o designei profeta às nações". Deus não faz nada ao acaso; pelo contrário, ele age intencionalmente com planos para sua obra. Lembre-se: você não é mera criatura, é a obra-prima de Deus (Efésios 2:10).

Uma obra tem várias etapas, uma obra-prima tem um processo ainda mais trabalhoso e requintado a ser realizado. Arquitetos olham um terreno e já conseguem imaginar uma grande casa linda com vários detalhes na estrutura. Pessoas leigas no tema nem sequer podem imaginar que uma área, por vezes suja e maltratada, pode servir de base para a tal casa. Arquitetos enxergam diferente, pois vislumbram a obra pronta.

Você é uma obra-prima do Arquiteto do mundo. Ele já vislumbrou sua melhor versão antes mesmo de você começar esta leitura, Ele viu o seu futuro (leia Isaías 55:9). Você faz parte de uma grande obra, uma obra-prima do maior escultor do mundo: seu Pai celestial.

Durante a construção que Deus faz em nossa vida, existe a etapa de lapidação, um tempo de tratamento, purificação, santificação e treinamento para vivermos a partir do nosso propósito. Esse tempo não é o fim, mas apenas o começo do que pode vir a ser os melhores anos de sua vida. Eu creio nisso para minha e para sua vida.

No momento que encerro a escrita deste livro, estou na cidade de Florença, na Itália, e visitei algumas obras de artistas renomados, dentre eles obras de Michelangelo. Uma história em específico me chamou a atenção. Conta-se que uma de mais famosas esculturas de Michelangelo, "O Davi", que está em Florença, foi esculpida em um bloco de mármore que outros artistas antes dele tinham rejeitado por considerá-lo imperfeito e inadequado para esculpir uma obra de arte. Diz-se que um jovem perguntou a Michelangelo como, de uma pedra tão feia e disforme, ele tinha construído algo tão magnífico, que depois veio a se tornar um dos marcos do Renascimento. Michelangelo respondeu: "Eu apenas tirei da pedra de mármore tudo que não era 'O Davi'!".

Diferentemente dos artistas que recusaram aquela pedra de mármore, Michelangelo viu ali potencial e acreditou que, naquele bloco, havia uma escultura incrível esperando para ser liberta. Ele não esculpia o mármore, mas libertava o ser aprisionado em seu interior. Assim como ocorreu com aquela pedra rejeitada, Deus vê beleza e potencial em cada mulher apesar de como ela esteja no início da jornada.

Nossa vida com Deus pode se assemelhar à escultura do bloco de mármore: ao primeiro olhar, as imperfeições são visíveis, mas Deus enxerga além e visualiza a melhor versão possível de cada uma de nós, basta permitir que o Escultor divino remova o que não é necessário, para mostrar sua melhor versão a este mundo. As experiências, os desafios e até mesmo as adversidades são instrumentos para esculpir a mulher que Ele planejou.

Assim como outros escultores recusaram o bloco de mármore por considerarem que era inadequado para uma grande obra, você e eu também podemos ter sido rejeitadas, ignoradas, não valorizadas. Alguém pode ter olhado para nós sem enxergar nosso valor. Deus não! Ele já viu a versão da mulher que quero ser e a que você quer ser; Ele continua esculpindo maravilhas!

Como Michelangelo se dedicou para esculpir "O Davi", hoje começa nossa jornada de persistência. Precisamos estar cientes de que cada martelada vai doer, mas cada trecho lapidado e cada passo dado nos levará para o lugar certo. Não desista. Deus já viu essa obra-prima pronta. Eu creio na versão maravilhosa da mulher que você quer se tornar.

Bem-vinda ao novo de Deus, se olhe no espelho e celebre tem algo diferente surgindo na sua vida.

Para encerrar, deixo para o texto de Filipenses 3:12-14 que, caso você ainda não tenha memorizado, recomendo que o anote em um lugar visível para segui-lo na jornada. É o versículo da minha vida e espero que possa inspirar você no melhor exemplo de Paulo para nosso processo de lapidação:

> Não que eu já tenha obtido tudo isso ou tenha sido aperfeiçoado, mas prossigo para alcançá-lo, pois para isso também fui alcançado por Cristo Jesus. Irmãos, não penso que eu mesmo já o tenha alcançado, mas uma coisa faço: esquecendo-me das coisas que ficaram para trás e avançando para as que estão adiante, prossigo para o alvo, a fim de ganhar o prêmio do chamado celestial de Deus em Cristo Jesus.

Espero pela sua versão lapidada pelo Ourives, vivendo a mulher que você quer ser.

Com amor,
Márcia Marinho.
@marciaedarrell

REFERÊNCIAS BIBLIOGRÁFICAS

AGGREY, James; ERLBRUCH, Wolf. *A águia que não queria voar*. Trad: Sergio Tellaroli. São Paulo: Companhia das Letrinhas, 2012.

AZEVEDO, Evelin. Pesquisa mostra que 84% das jovens editam foto antes de postar nas redes sociais. 2 de mai. 2021. Disponível em: <https://extra.globo.com/noticias/saude-e-ciencia/pesquisa-mostra-que-84-das-jovens-editam-foto-antes-de-postar-nas-redes-sociais-24998621.html>. Acesso em: 05 de jan. 2024.

BECK, Caio. *As peneiras da sabedoria de Sócrates*. Andragogia Brasil, 2017. Disponível em: <https://www.andragogiabrasil.com.br/peneiras-da-sabedoria>. Acesso em: 5 de out. 2023.

BOFF, Leonardo. A águia e a galinha, a metáfora da condição humana. [Petrópoles: Vozes, 1997, 40 ed.]

BOURBEAU, Lise. *As cinco feridas emocionais*: Como superar os sentimentos que impedem a sua felicidade. Rio de Janeiro: Sextante, 2020.

BROWN, Brené. *Braving the Wilderness*: A Transformative Guide to Courage and Belonging. Londres: Random House, 2017.

_____. *Daring Greatly*: How the Courage to Be Vulnerable Transforms the Way We Live, Love, Parent and Lead. Nova York: Avery Publishing Group, 2012.

_____. *Mais forte do que nunca*: Caia. Levante-se. Tente outra vez. Rio de Janeiro: Sextante, 2016.

CALCUTÁ, Madre Teresa de. *Amor maio não há*. São Paulo: Universo dos Livros, 2017.

CHAPMAN, Gary. *As quatro estações do casamento*. São Paulo: Mundo Cristão, 2006.

CLOUD, Henry; TOWNSEND, John. *Limites*: Quando dizer sim, quando dizer não. 2 ed. São Paulo: Editora Vida, 2023.

ELLIOT, Elisabeth. *Deixe-me ser mulher*: lições à minha filha sobre o significado de feminilidade. São José dos Campos: Editora Fiel, 2021.

FERGUSON, Marilyn. *The Aquarian Conspiracy*: Personal and Social Transformation in the 1980s. Nova York: Harper & Row Publishers, 1982.

GEORGE, Elizabeth. *Amando a Deus de todo o seu entendimento*. Campinas: United Press, 2003.

HIPONA, Aurélio Agostinho de. *Confissões*. Cotia: Sperare, 2022.

JAKES, T.D. *A Dama, seu amado e seu Senhor*: As três dimensões do amor feminino. São Paulo: Mundo Cristão, 1999.

_____. *Esmagado*: Deus transforma pressão em poder. São José dos Campos: Inspire, 2020.

_____. *God's Leading Lady*. Shippensburg: Destiny Image Publishers, 1999.

JEFFERSON & SUELLEN. *Vem me buscar*. Recife: Green Records Music Publishing Group, 2001.

JOHNSON, Sue. *Abrace-me apertado*: sete conversas para um amor duradouro. São Paulo: Jardim dos Livros, 2012.

LAHAYE. *Um homem chamado Jesus*. Campinas: United Press, 1998.

LOPES, Hernandes Dias. *Bíblia pregação expositiva*: sermões, estudos e reflexões de Hernandes Dias Lopes. São Paulo: Editora Hagnos, 2020.

MANNING, Brennan. *O impostor que vive em mim*. 2 ed. São Paulo: Mundo Cristão, 2012.

MARINHO, Márcia; MARINHO, Darrell. *Não crie seu filho para o mundo*: um guia prático de criação de filhos segundo os planos de Deus. São Paulo: Hagnos, 2023.

_____. *Quando a família corre perigo*. São Paulo: Hagnos, 2018.

MEYER, Joyce. *A raiz da rejeição*: escapando da escravidão da rejeição e experimentando a liberdade da aceitação de Deus. Belo Horizonte: Ministério Joyce Meyer, 2006.

_____. *Campo de batalha da mente*. Belo Horizonte: Bello Publicações, 2009.

_____. *Crie bons hábitos, livre-se dos maus hábitos*: 14 novos comportamentos que encherão sua vida de energia. Belo Horizonte: Bello Publicações, 2014.

NOUWEN, Henri. *Life of the Beloved*: Spiritual Living in a Secular World. Chestnut, Ridge: Crossroad Publishing Company, 2002.

PESSOA, Fernando. *Vivendo melhor: poemas de amor*. Edicase Publicações, 2017.

PLATÃO. *O banquete*. Domínio público. Disponível em: <http://www.dominiopublico.gov.br/>. Acesso em: 12 de jan. de 2024.

RANDEN, N. *Autoestima e os seus seis pilares*. Tradução de Vera Caputo. São Paulo: Saraiva, 2002, 7. ed.

RANGÉ, B. et al. *Psicoterapias cognitivo*-comportamentais: *um diálogo com a psiquiatria*. Porto Alegre: Artmed, 2011, 2 ed.

ROSTIROLA, Junior. *Encontrei um Pai*: a Paternidade que você precisa. São Paulo: Editora Vida, 2019, p. 183.

SAINT-EXUPÉRY, Antoine de. *O pequeno príncipe*. Rio de Janeiro: HarperCollins, 2018.

SEAMANDS, David. *Healing for Damaged Emotions*. David Cook Publisher, 2015.

SÊNECA, Lúcio Aneu. *Cartas a Lucílio*. Rio de Janeiro. Fundação Calouste Gulbenkian, 2014.

STELLA, Paulo Dalla. *Pensamento negativo é normal?* Diário de Curitiba. Disponível em: <https://diariodecuritiba.com/2021/09/28/pensamento-negativo-e-normal/>. Acesso em: 11 de dez. 2023

TEIXEIRA, Eduarda. Brasil é o 2º país com maior tempo de tela, diz pesquisa. Poder 360. Disponível em: <https://www.poder360.com.br/tecnologia/brasil-e-o-2o-pais-com-maior-tempo-de-tela-diz-pesquisa/>. Acesso em 15 de nov. 2023.

Sua opinião é importante para nós.

Por gentiliza, envie-nos seus comentários pelo e-mail:

editorial@hagnos.com.br